# 四千年のパワースポット 霊峰大《おお》山《やま》

## ―武士政権が祈願した関東高野山―

菰沢や 野沢にごりて 水もの
あふりの山に 雲かかるなり

賀茂真淵

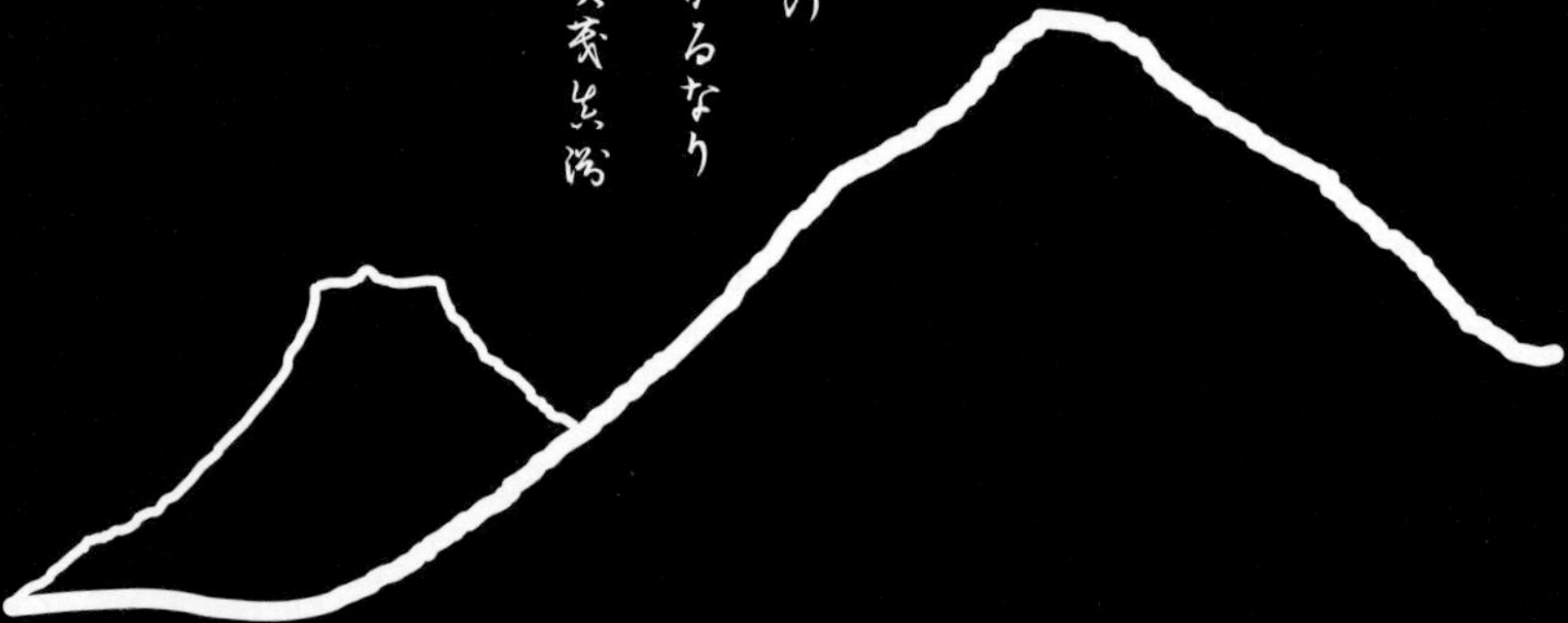

石井 政夫
Ishii Masao

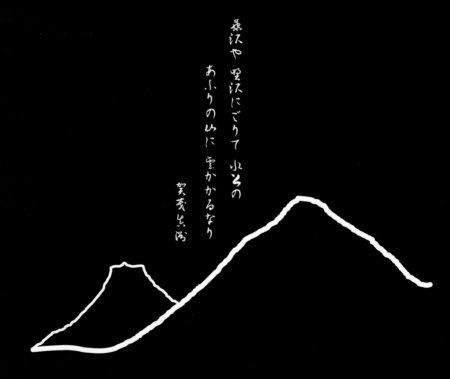

甲州街道
府中大山街道
新宿駅方面
赤坂御門方面
小田急電鉄
関戸の渡
東京駅方面
二子の渡
東海道線
淵野辺皇武神社
町田
大山街道青山道
(矢倉沢往還)
多摩川
大和
海老名
鶴見川
東京湾
柏尾大山道
戸塚
寒川
藤沢
四谷田村大山道
扇ガ谷英勝院
鎌倉長谷甘縄神明宮
境川
由比ガ浜
走水神社
葉山吾妻社（不動堂）
三浦半島

地図1　神奈川県全図　大山は県西部の中央

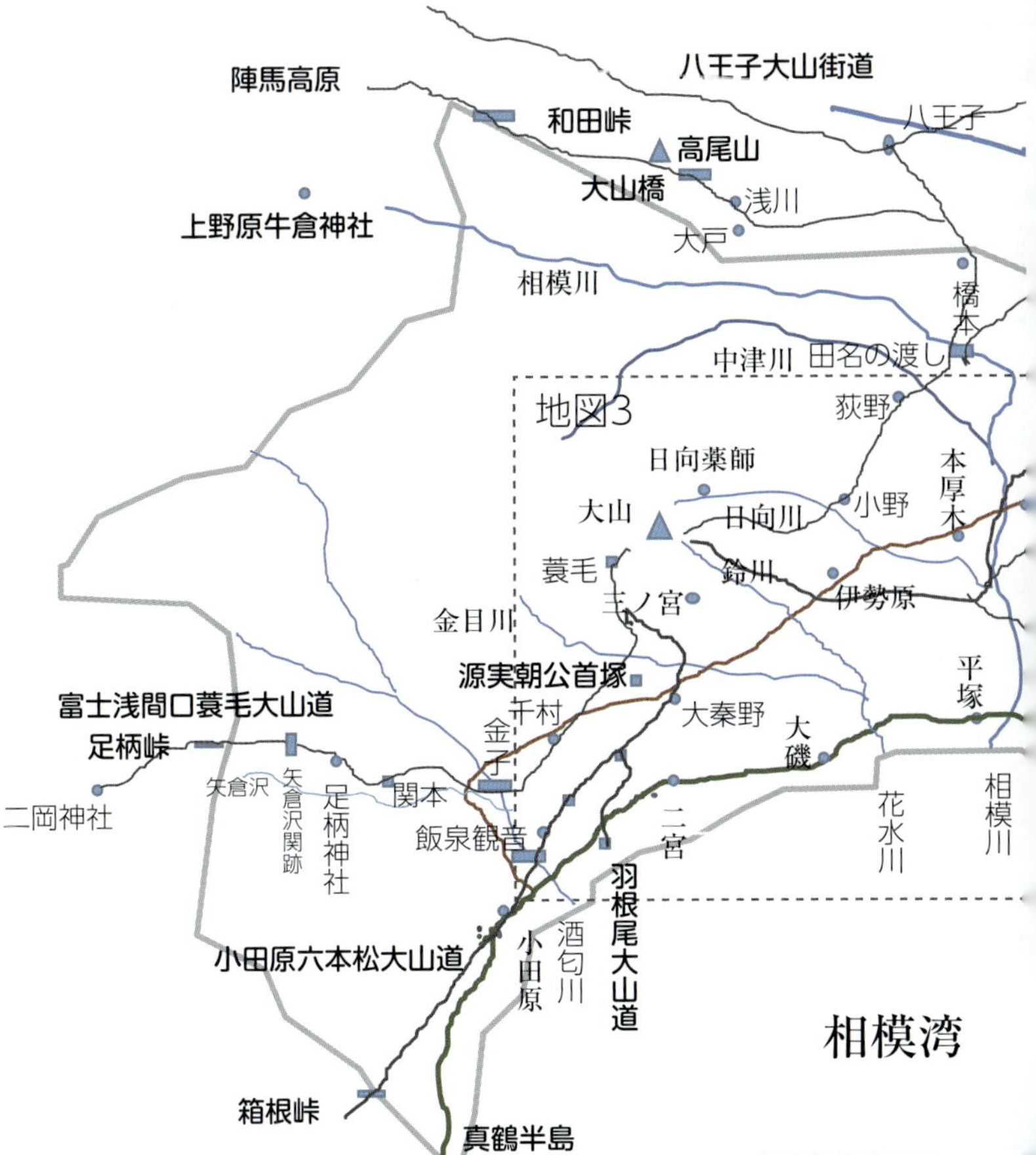

（作図：著者）

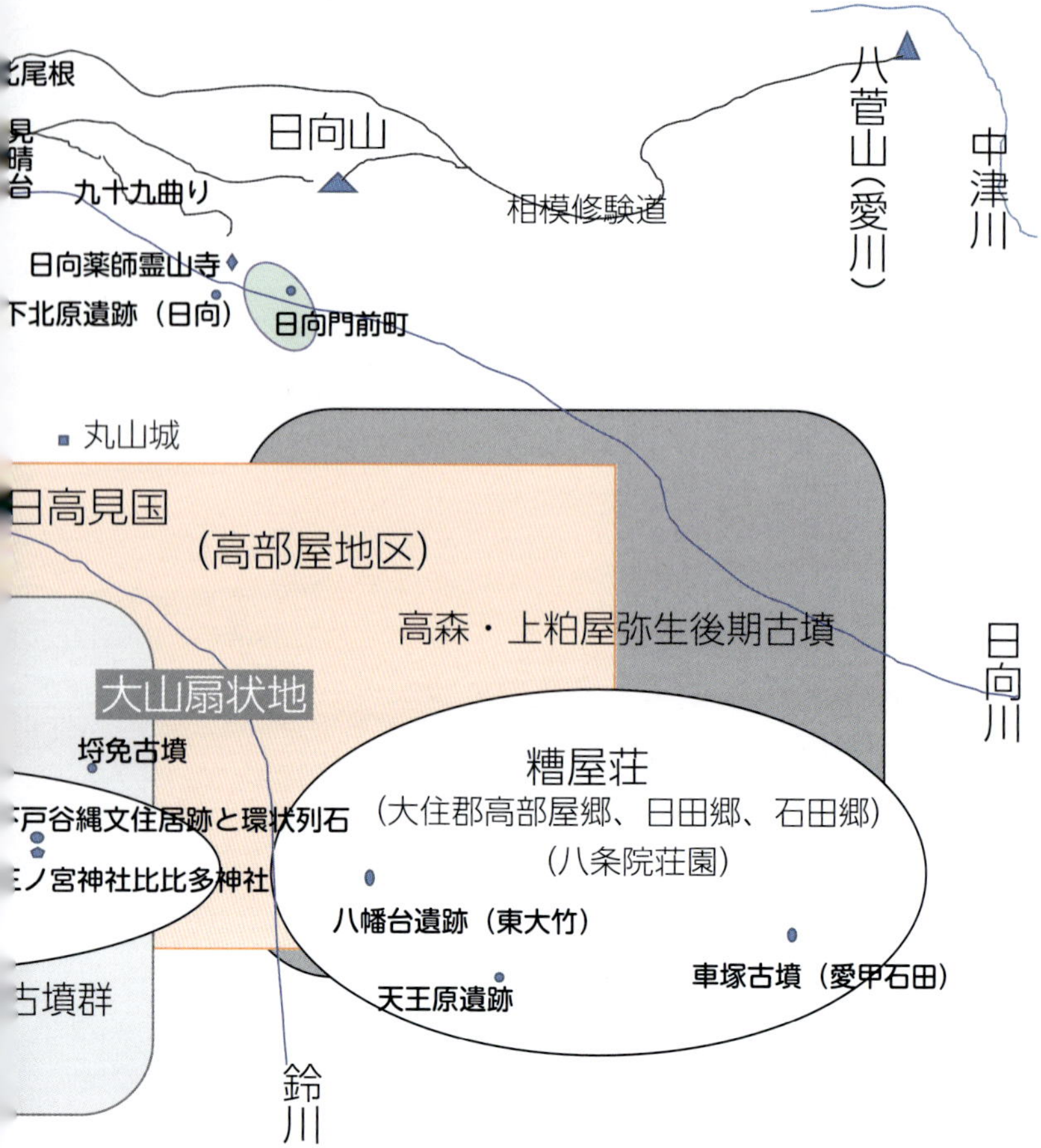
尾根
見晴台
九十九曲り
日向山
相模修験道
八菅山（愛川）
中津川
日向薬師霊山寺
下北原遺跡（日向）
日向門前町
丸山城
日高見国
（高部屋地区）
高森・上粕屋弥生後期古墳
日向川
大山扇状地
埒免古墳
戸谷縄文住居跡と環状列石
ノ宮神社比比多神社
糟屋荘
（大住郡高部屋郷、日田郷、石田郷）
（八条院荘園）
八幡台遺跡（東大竹）
天王原遺跡
車塚古墳（愛甲石田）
古墳群
鈴川

（作図：著者）

地図2　古墳時代から門前町まで

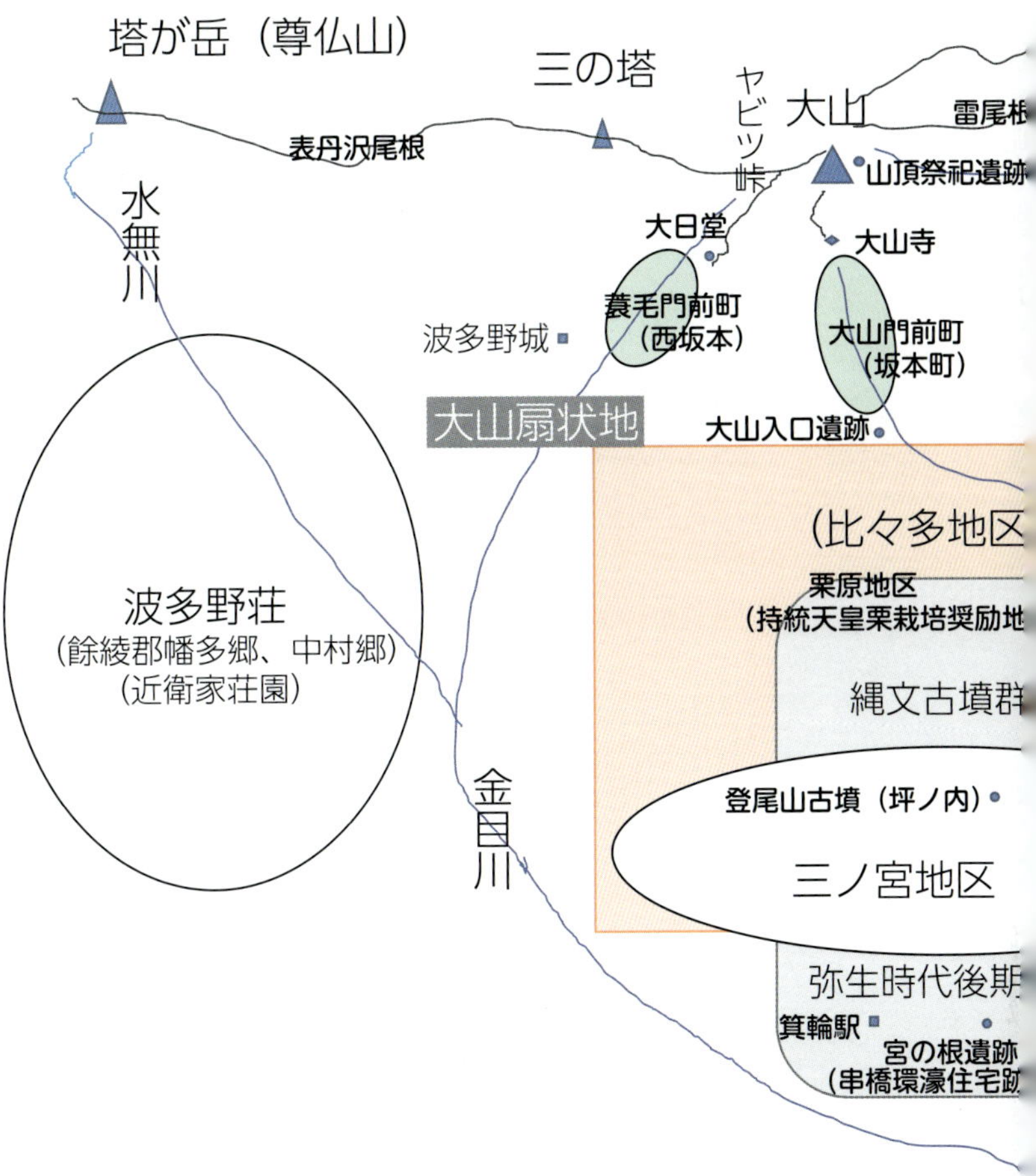

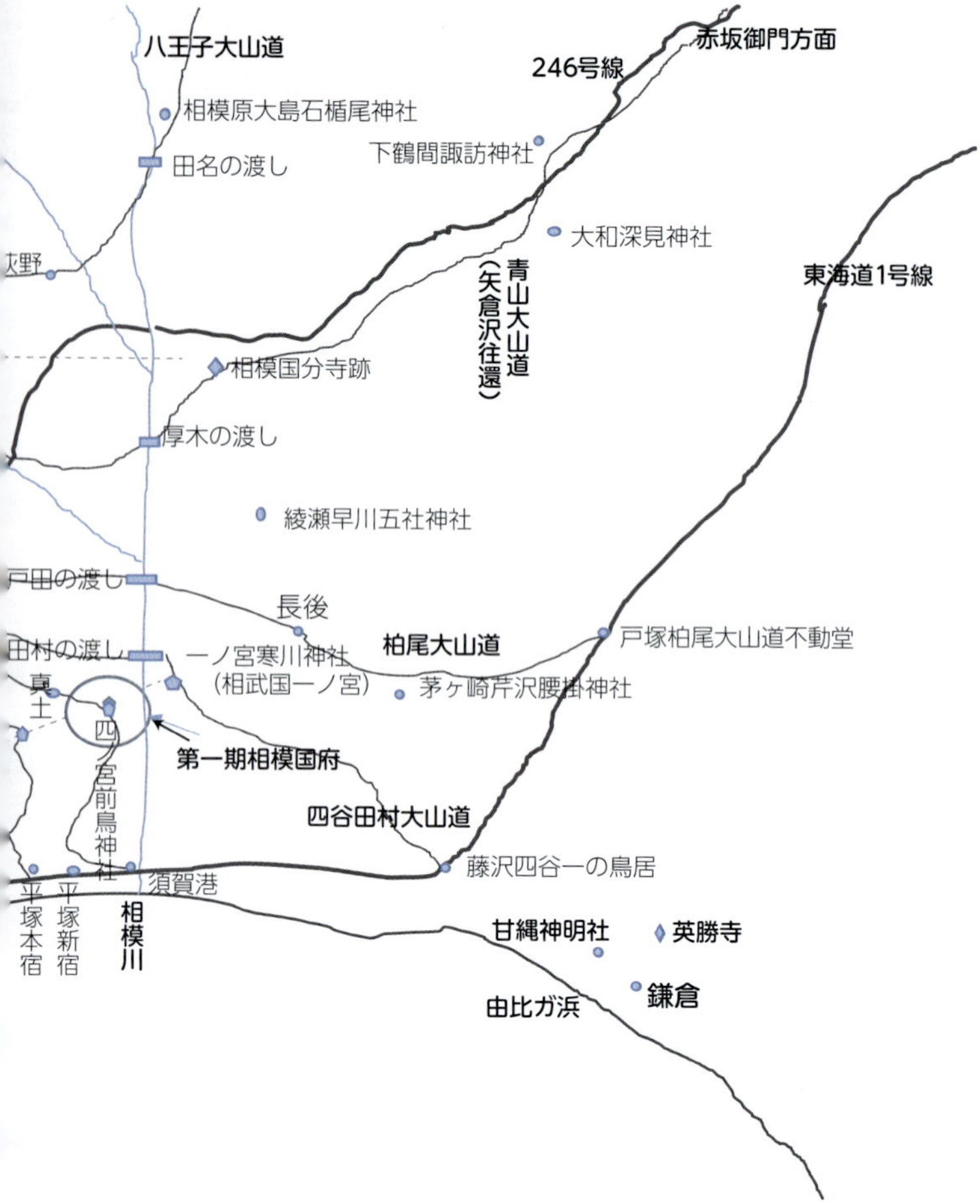
八王子大山道
赤坂御門方面
246号線
相模原大島石楯尾神社
下鶴間諏訪神社
田名の渡し
大和深見神社
青山大山道（矢倉沢往還）
東海道1号線
相模国分寺跡
厚木の渡し
綾瀬早川五社神社
戸田の渡し
長後
田村の渡し
一ノ宮寒川神社
（相武国一ノ宮）
柏尾大山道
戸塚柏尾大山道不動堂
茅ヶ崎芹沢腰掛神社
真土
四ノ宮前鳥神社
第一期相模国府
四谷田村大山道
藤沢四谷一の鳥居
須賀港
平塚本宿
平塚新宿
相模川
甘縄神明社
英勝寺
鎌倉
由比ガ浜

（作図：著者）

## 地図３　相模国府と大山街道

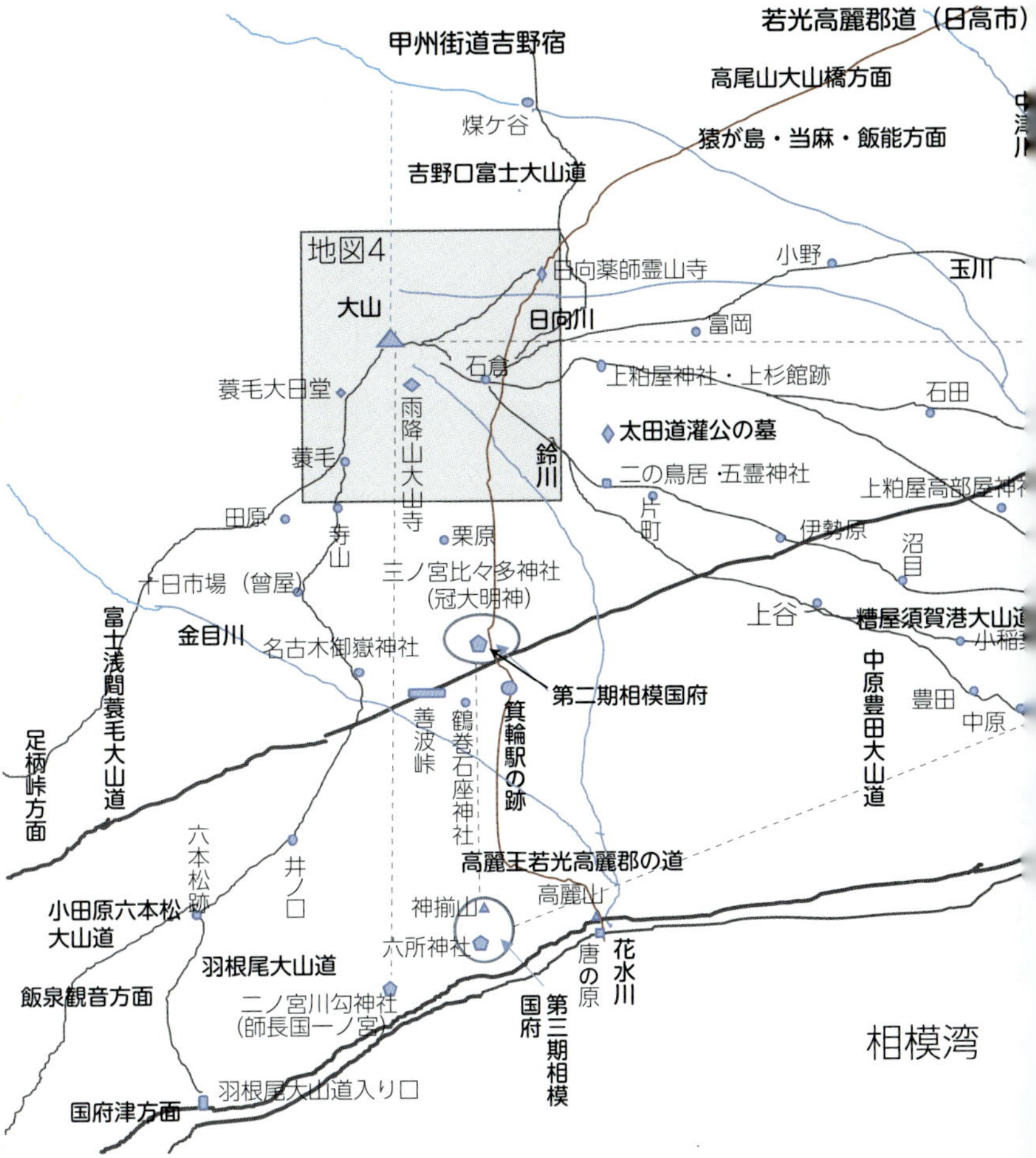

## 地図４　大山・伊勢原地区

（作図：著者）

## 地図５　大山全図

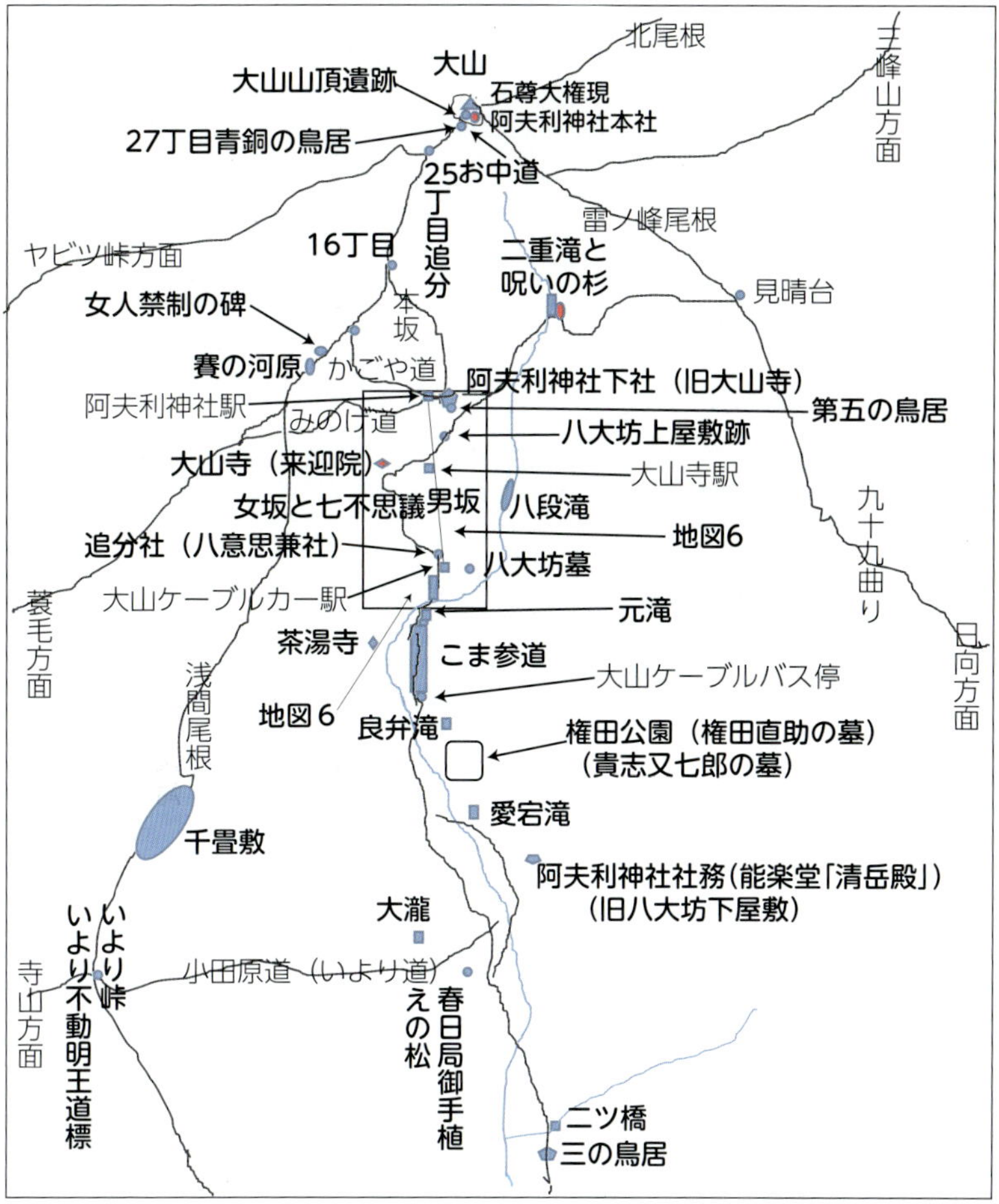

北尾根
三峰山方面
大山
大山山頂遺跡
石尊大権現
阿夫利神社本社
27丁目青銅の鳥居
25丁目追分
お中道
雷ノ峰尾根
ヤビツ峠方面
16丁目
二重滝と呪いの杉
見晴台
女人禁制の碑
本坂
賽の河原
かごや道
阿夫利神社下社（旧大山寺）
阿夫利神社駅
第五の鳥居
みのげ道
八大坊上屋敷跡
大山寺（来迎院）
大山寺駅
女坂と七不思議
男坂
八段滝
九十九曲り
地図6
追分社（八意思兼社）
八大坊墓
蓑毛方面
大山ケーブルカー駅
元滝
日向方面
茶湯寺
こま参道
浅間尾根
大山ケーブルバス停
地図６
良弁滝
権田公園（権田直助の墓）
（貴志又七郎の墓）
愛宕滝
千畳敷
阿夫利神社社務（能楽堂「清岳殿」）
（旧八大坊下屋敷）
大瀧
いより峠
寺山方面
いより不動明王道標
小田原道（いより道）
えの松
春日局御手植
ニツ橋
三の鳥居

地図６　神社下社と不動堂　女坂七不思議

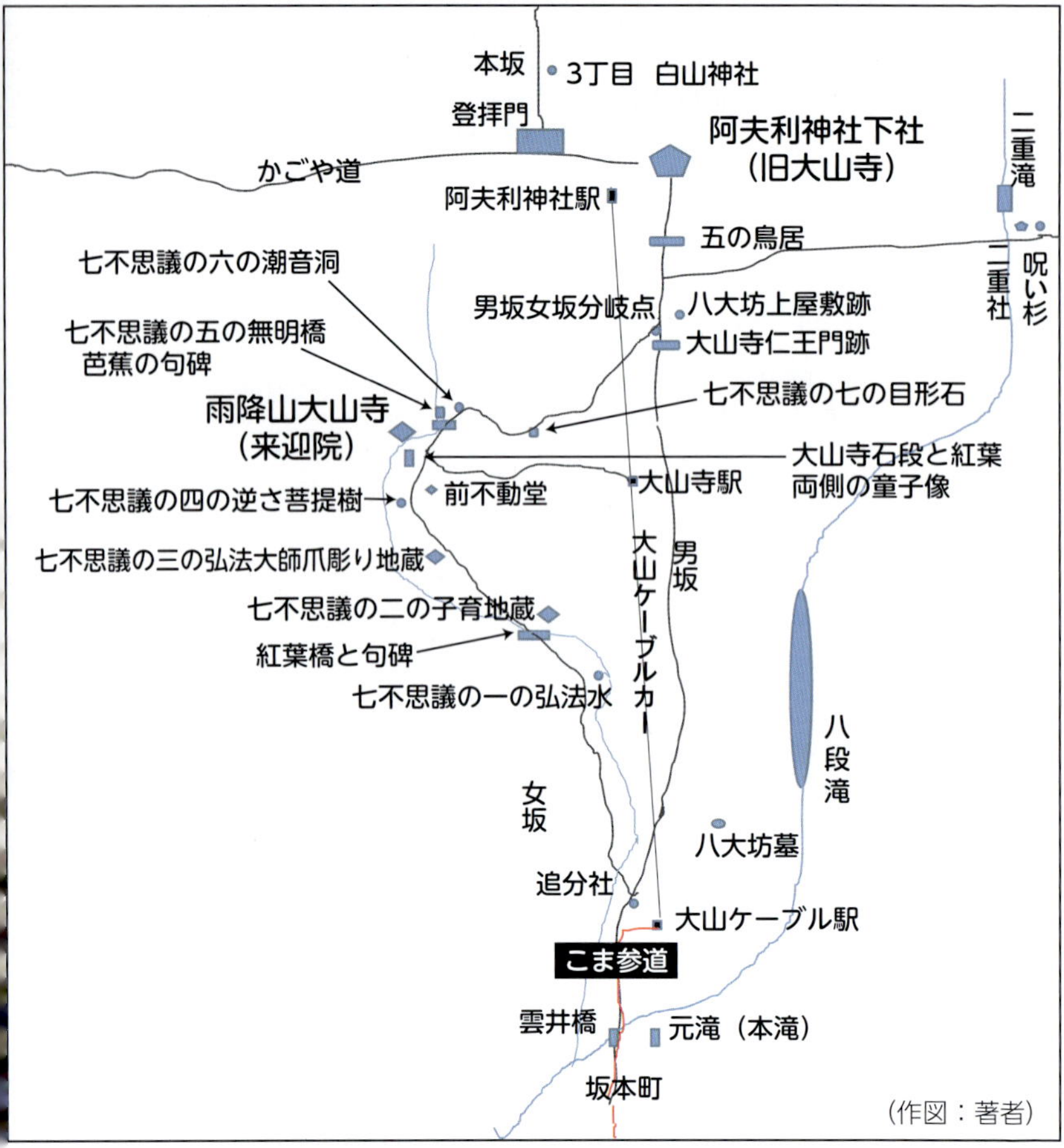


（作図：著者）

大山山頂の眺望

阿夫利神社下社

阿夫利神社本社石碑

雨降山大山寺

大山ケーブルカー

こま参道入り口

こま参道

図７大山門前町と禊の滝

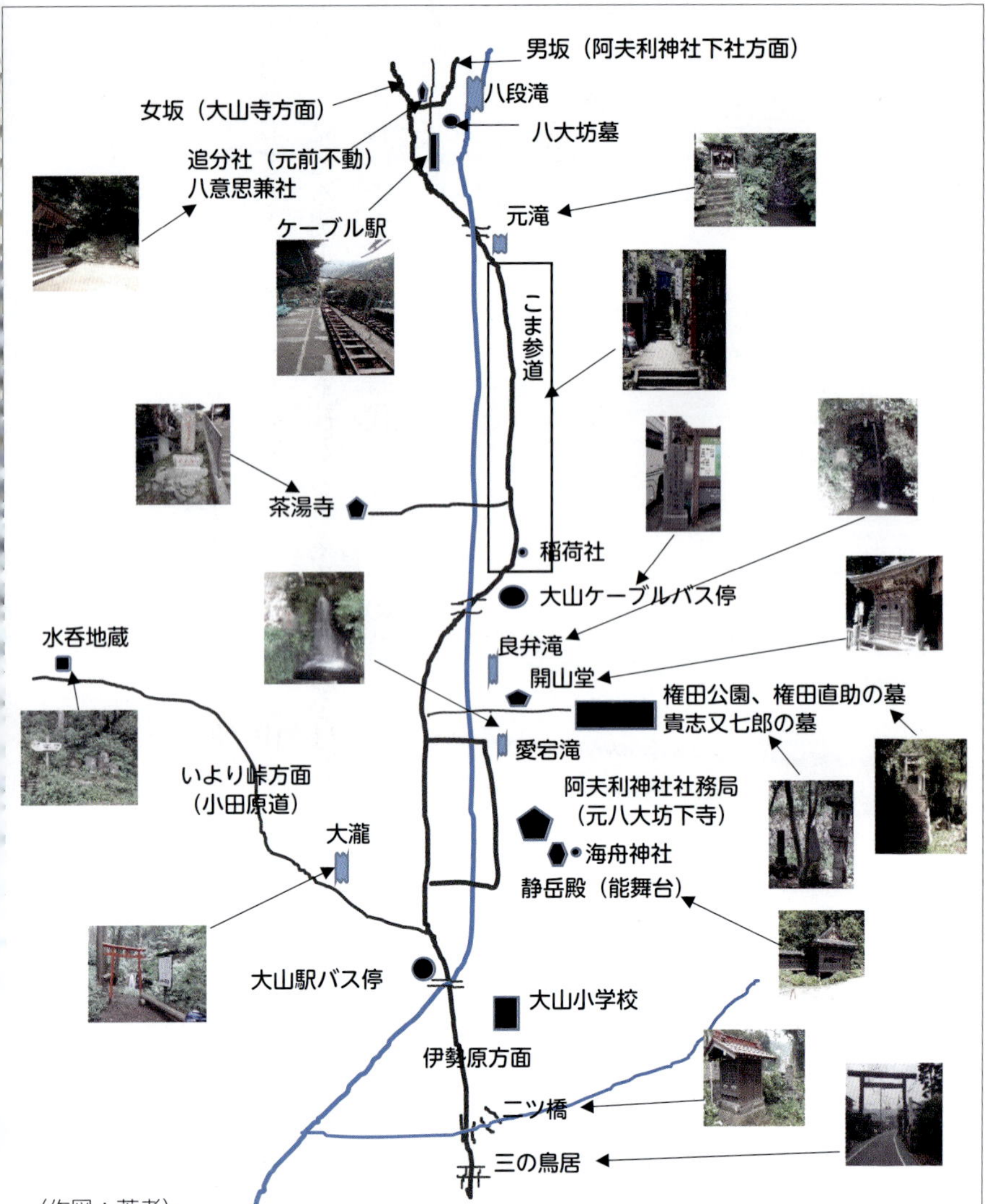

（作図：著者）

# はじめに

古代から神の坐す山といわれてきた大山《おおやま》が二〇一五年6月にミシュラン・グリーンガイドに登録されました。大山からの眺望が二つ星に、大山が一つ星になりました。阿夫利《あふり》神社本社から見える関東一円、下社から見える江の島をはじめとする相模湾。そして、夜景は本当にきれいです。大山は時代とともにその時々の政権と寄り添うように歴史を紡いできました。時に農耕に必要な雨を支配する神として、また海で生きる人々の羅針盤として、人々に畏怖と畏敬の念を伴う大山信仰となっていったのでした。

二〇一六年の4月、文化庁が発表した日本遺産に、「大山詣り」が登録されました。大山の石尊信仰《せきそんしんこう》と大山寺の不動信仰が江戸時代に爆発的に流行し、「両参り」といわれた富士山と大山登山が、時代最高の信仰と遊興旅行としてもてはやされました。「大山詣り」は江戸時代の最大ツアーである伊勢参りとも連携し、旧暦6月27日から7月18日までのわずか21日の夏山期間に、最高時には10万もの人達が関東一円から大山に登り、帰りに小田原の最乗寺《さいじょうじ》や江の島にお詣りしたのでした。

日本の歴史は中国や朝鮮半島の激動の歴史の影響を受けながら、最新の政治制度や最先端技術を導入して、現在に至っています。大山の歴史もまた、このような海外の政治的変動と無関係ではありませんでした。三国時代の朝鮮の動乱による渡来人の遺民、仏教伝来と国分寺や国分尼寺寺社の建立、日本の政治的混乱による国府や兵制の整備、人口増加による交通網の整備など多くのことが関連しているのです。倭建命《やまとたけるのみこと》東征伝承による古東海道や古大山街道の開通などが人々の行き来を盛んにしていきました。信仰の大山には、頼朝にはじまる鎌倉、足利、徳川の各政権にわたって、祈りの地の祈願寺としての役目がありました。

徳川綱吉《とくがわつなよし》による庶民文化中心の時代から多くの大山文化が花開きました。太田道灌《おおたどうかん》以来の連歌から、芭蕉による静寂の句が大山にも展開され、宝井其角《たからいきかく》の大山参りにより、大山俳壇が隆盛を迎えました。大山能は紀州の貴志又七郎《きしまたしちろう》によりもたらされましたが、その後も受け継がれています。ツアーのガイド紙としても持てはやされた浮世絵は、大山や富士山、大山詣りの様子を子細に表現しています。

明治時代の廃仏毀釈《はいぶつきしゃく》は大山に多くの禍根を残しましたが、仏教から神道に、御師《おし》から先導師に変わることで、現在まで大山として生き残っています。江戸時代の文化もまた、大山の人達の文化継承の努力で現在まで引き継がれています。

昭和35年の調査で山頂祭祀遺跡が発掘されました。4千年前から祈りの地であったことがわかったのです。歴史とはその時の権力者により創られますが、庶民の力による部分も大きいはずです。本書は政権と経済体制に視点を置き、相州大山を支柱に、歴史を紡いできた人たちを見出すものです。

著者は経営コンサルタントとして、地域振興や海外進出支援を行ってきました。地域の振興策はその地の歴史から進めるべきと考えています。海外に進出するには事前に対象国の歴史と文化を知らなくてはならないのです。著者の生まれた大山の歴史に地域振興のヒントがあればと思います。古代から現在まで続く4千年のパワースポットに人々は何を思い、何を祈ったか、少しでも参考になれば幸いです。

# 目次

## 第二章　大山寺開山と神仏習合時代の幕開け



## 第三章　平安時代の荘園経営と大山寺

## 第四章　鎌倉幕府が成立し大山寺が祈願寺となる

## 第五章　足利幕府の祈願寺となり、戦国の世を軍事行動で生き残る



## 第六章　徳川家康は頼朝にならい大山寺を祈願寺とする

## 第七章　明治維新が大山を変え、現在に続くパワースポットの承継

# 第一章　古代からパワースポットであった霊峰大山《おおやま》（地図1）

## 霊峰大山は関東一円から見られます

神奈川県の中央に位置する、霊峰大山（標高1251・7m）は丹沢山塊の主峰のひとつです。関東一円から富士山とその前面に大山が望めます。大山は見る場所により、独立峰のような三角錐の山容となるために、古代からパワースポット、神の山として、特別な存在でありました。大山は山そのものがご神体なのです。

山の神格化から、阿部利山《あぶりさん》、大福山《だいふくさん》、如意山《にょいさん》などと呼ばれました。石尊信仰《せきそんしんこう》は山頂の自然石を信仰の対象として敬うことから始まります。石尊信仰により「雨乞いの神」として、また「海洋の神」として、古代の人は敬いました。

「あふりさん」（阿夫利山、雨降山）の起源について、「新編相模国風土記稿」には「頂上は常に雲霧深く、ややもすれば大に雲起こり、忽ち雨を降らす。此雨山中のみにして、他に及ばず、故に土人私雨と稱す。雨降山の名は是に因か」とあります。大山は古代から生活に不可欠な水の源だったことがわかります。

「相模峯《さがむね》」といわれる大山山頂から眺めると、遠く東は東京、横浜、三浦半島が、西は伊豆半島、前面に相模湾や江の島、大島を望めます。大山は上越新幹線上りの車窓から高崎を過ぎた見晴らしの利く平野部の先に、遠くに連なる山並みの西の端に特徴ある三角形の山頂が見ることができる。「あー！　大山が見える」と感嘆したものでした。

位置関係では丹沢山系の最高峰の蛭《ひる》ヶ岳（１６７２ｍ）と比べると、大山は支峰として見えますが、見晴らしのきくところからは、東の端に独立孤峰として屹然と見えるのです。山野を旅する人も舟を漕ぎ出す海人も大山を見ることにより、心の平安を得ることができたのでしょう。

## 大山から流れる河川が造る扇状地

眼下に見える集落沿いに流れる鈴川は現在の伊勢原市の大半にあたる扇状地をつくっています。鈴川は三ノ宮地区や伊勢原台地を経由し、金目《かなめ》川と合流します。西に流れる金目川は秦野市内で丹沢山塊から流れくる水無川と合流し、平塚市内で鈴川と合流して、花水川と名を変えて相模湾にそそぐのです。一方東に流れる日向《ひなた》川は日向や糟屋《かすや》の扇状地を経

（写真1）扇状地から大山を望む

由し、愛甲《あいこう》郡小野で相模《さがみ》川支流に合流して相模湾にそそぎます。

現在より海が内陸まで入り込んでいた江戸時代位まで、これら河川と海は大山の扇状地（写真1）を造り、深く湿地帯をなしていたことが、地名からも想像できます。伊勢原、秦野、平塚、厚木市内には崎、島、田、沼、谷などの地名が多く残っています。大山から流れ出る川が造る扇状地は、その植生と魚や貝の採取が容易なことから、人が早くにすみついたのでした。そのことは、大山の麓に縄文遺跡や古墳があることでもわかります。

## 三角錐の山は海の羅針盤でした

「伊勢原町勢誌」には、「海原からよく見える三角頂点の秀峰は、風の力、腕の力で航行する海人にとっては航路導きの有力な指標であった。海人たちはそこに神威を感じ、山頂に航路先導の神が鎮座されると信仰するようになった。その神は『鳥石楠船命《とりいわくすふねのみこと》』でおわしますと信ずるようになった。すなわち山威は大海にまで発展したわけである。」とあります。

（写真2）真鶴の海から小田原城の真上に重なる大山の姿

このように、古代の人の交通は船で相模湾に向かい、大山を羅針盤《らしんばん》にして相模の海岸に上陸したのです。当時は西から東国に向かってくると、伊豆を廻って、相模湾で大山を羅針盤（写真2）にしていたと考えられます。

相模には相模川や多摩川、花水川、酒匂川《さかわがわ》と大河が流れ、湿地帯を作り、上陸する場所が限られていました。相模湾は海岸線が遠浅で、良港が少ないのです。古代では大山を見て、その位置を確かめながら大磯や鎌倉に向かったのでしょう。東国に赴任する国司たちや高句麗《こうくり》の渡来人がいかに大山を頼りにしたかが想像できます。

江戸時代になっても、奥州から米を江戸に運ぶためには、房総沖を廻って江戸湾に入ることが当時の船の大きさではたいへん危険でした。そのため、一度伊豆半島に向かい、下田港を中継して、天候を選び大山を左手に見ながら三浦半島を回り、江戸湾に向かったそうです。それが、寛文《かんぶん》11年（一六七一）に幕府の命令で河村瑞賢《かわむらずいげん》が開発した、伊達領（仙台）からの米を江戸に送る東廻り航路だそうです。帆船をつかう江戸時

（写真3）須賀の海から大山を望む
江戸時代の旅人が眺めた姿

代でも大山が安全な航路の羅針盤でした。

　古代の漁民は相模湾で漁をする時は、大山を目標にして位置関係を確認したのでしょう。伊豆から船出すると丹沢連峰の右の先に、三角形の大山が見えます。三浦半島から船出すると、丹沢連峰の左端に三角形の大山が見えます。そのうしろに富士山の姿も見えるのです。

　漁師は大山を見ながら漁ができることに感謝して、大漁の時も不漁の時も大山に詣でて、山頂に貝や魚を捧げたのでした。山頂の貝塚の発掘がそれらのことを裏付けています。羅針盤としての海洋の守り神であり、天気の変化を知らせてくれる大漁の神としての大山がありました。

　私も小田原から乗り合い船で釣りをしましたが、ちょうど大磯や平塚の沖合から大山（写真3）を眺めると、ピラミッド型の山容がそそり立つようにそびえています。相模の小峰、駿河の大峰（富士山）と漁師からいわれているのがうなずけました。

## 大山の麓は日高見国《ひたみこく》といわれた（地図2）

大山の麓は日高見国と言われました。山麓一帯の高地は高原性を持ち神聖化されました。古代における太陽信仰が、日を遥拝する豊かな国として日高見国といわれたのでしょう。そのことは太陽を遥拝する山そのものが「ご神体《しんたい》」となり、山岳信仰につながったのでした。

日高見国は大化2年（六四六）の国郡制で高見に接尾語を付け「高見屋《たかみや》」といい、転じて「高部屋郷《たかべや》」となりました。日高は高原の下部地域で「日高郷《ひた》」から、転じて「比比多《ひびた》」と書くようになったようです。

日高見国の人々は大山の山頂に雲がかかると雨が降ることを知りました。晴れるとわかれば、海に漕ぎ出して仰ぎ見る大山を羅針盤として魚を追いかけ、また一方は、山深くにわけいり狩猟を行ったことでしょう。山容が見せる春夏秋冬の景色を肌で感じながら、厳しい環境の中で、その時々の食べ物を求めるために霊峰大山のふもとで生活したのです。

阿夫利神社社伝によれば、神社の創建は紀元前97年と伝えられています。文献上では平安時代の延喜式《えんぎしき》内社神明王帳（九六七年施行）に式内社「阿夫利神社」と記され、相模13

座の一つとして山頂に石尊社を祀るのは大山だけです。大山阿夫利神社の主祭神の大山祇大神《おおやまつみのおおかみ》は富士山・浅間《せんげん》神社の主祭神である此花咲耶姫《このはなさくやひめ》の父親になります。大山と富士山は親子の関係になるのです。大山と富士山はまるで一対のように扱われてきました。

## 日高見国は古代の主食（栗）の栽培地

日高見国の下部地域に当たる「日高郷」の比比多は高原性の大地で、駅が置かれるほどの交通の要所でした。比比多の三ノ宮地区に栗原《くりばら》という場所があります。そこでは、縄文時代の主食のひとつと言われる栗が栽培されていました。「持統天皇七年三月に栗を勘殖して五穀を助けた」と『神奈川県中郡勢誌』にあります。現在までこの栗原の名が残っていることを考えると、大山扇状地の植生の豊かさと南面に海を持つ湿地帯の温暖な環境が、これら栗の栽培に大きく寄与していたと考えられます。

大山の麓では二万八千年前には人が住んでいたようです。一万二千年前には三ノ宮地区にストーン・サークルを持つ下谷戸縄文遺跡《しもやとじょうもんいせき》（写真4）があらわれます。約八千年前位から人々が竪穴住居に棲みついたとおもわれます。その後、安定した気候や豊かな植生のおかげで、五千年前には三ノ宮や田中地区に大規模な集落が造られました。

（写真4）ストーンサークル
関東では珍らしい環状列石遺跡

四千年前には呪術《じゅじゅつ》的儀礼が盛んになり、酒林《さかばやし》遺跡や天神下遺跡のように伊勢原や岡崎の高台地区に人々が集まって棲みついたと思われます。さらに八幡台、日向、比比多に、三千年前の大規模な集落跡が見つかっています。このように、大山の麓には縄文遺跡が群を抜いて多いのです。これらの遺跡は豊かな食の供給がなければ成立しません。それだけの規模の食糧の豊かさがあったのでしょう。

## 四千年前の祈りの聖地は山頂遺跡から発見された

大山の「山頂祭祀《さいし》遺跡」は文化庁文化財保護課発行の全国遺跡地図に見られます。明治12年（一八七九）や昭和35年（一九六〇）の発掘で縄文中期時代の祭祀遺跡や土器が発見されています。多くの研究者が「縄文期に山岳信仰の兆しが山国に育った」と記しています。「伊勢原町勢誌」にも、大山はおおよそ四千年前から山岳信仰の尊拝《そんはい》対象であったことが、出土したものからわかると記されています。

大山の麓にある大山扇状地に、縄文時代のたくさんの遺跡と弥生時代の多数の古墳が広く分布していることは、四千年前の人たちに山をご神体と敬う山岳信仰があったことを思わせます。大地では 栗、ドングリの採集や猪、鹿の狩猟をし、海や湿地帯では魚や貝をとり、大山に感謝の心を捧げたことが、山頂に縄文時代の土器片や貝塚があったことでわかります。

四千年前は富士山の噴火が激しかった時期にもあたります。降り積もる火山灰の被害は山麓の植生に被害を与え、川は火山灰で洪水をおこし、湿地帯の魚や貝は死んでしまったかも知れません。大山に登り、祈りを捧げ、富士山を眺めたことでしょう。

「大山の山頂での遺跡調査報告が新聞に載りました」と、中学生の時先生からお話がありました。私はそのとき、四千年前という、あまりにも古い時代の遺物が発掘されたことに驚いた記憶があります。昭和35年は丹沢大山が県立自然公園に指定された年でもありました。本書の題は、この四千年前の話からとったのです。

## 霊山は火山や自然災害の監視所でした

山岳信仰には、自然に対する恐怖から山を敬うことと眺望を活かした監視的役割を感じるのです。関東の霊山と言われる大山、三峰山《みつみねさん》、筑波山のそれぞれの立つ位置を縄文、弥生時代を想像して考えてみます。特に、富士山の噴火や洪水による川の氾濫、台風の襲来などの自然に対する恐れは大きかったと思われます。私は三山とも登った経験がありますので、その眺望や信仰について考えてみます。

三峰山（山梨県）では当時、噴火していた富士山の監視をしていたと考えられます。実際、溶岩流で延暦《えんりゃく》年間にできたといわれる富士五湖や貞観《じょうかん》の噴火による溶岩流で青木ケ原ができたくらいです。延暦19年（八〇〇）に富士の噴火がありました。2年後の延暦21年（八〇二）に再度、富士山が噴火しました。この噴火により当時の坂東との境をなしていた足柄峠が閉鎖され、あらたに箱根道が開通しました。

貞観6年（八六四）にも富士山がまた噴火して、大山の麓に火山灰を降らし、大きな被害を受けました。山梨地区の溶岩流や火砕流、火山灰の恐ろしさが想像できます。大山での祈りは、噴火の怖さより、火山灰によって食べ物を失う怖さの方が大きかったと考えられます。

富士山の噴火は広範囲にわたって火山灰による大きな被害を出します。宝永《ほうえい》噴火では、御殿場付近で1m～2mを越える火山灰が降り積もったと、江戸時代の記録に残っています。大山ではいまでも富士砂といい、50㎝くらいの砂（火山灰）の層が残っています。江戸時代の二宮尊徳《にのみやそんとく》の伝記にも、火山灰による河床の上昇で酒匂川の氾濫が頻繁におこり、農民を困らせたとあります。大山周辺の河川も同様であったでしょう。

大山の山頂に登り人々は四千年前から祈りました。当時噴火していた富士山を監視し、噴煙の上がる箱根や伊豆の山も監視したことでしょう。また、富士山の噴火などで陸路から相模に入れない時期がありました。そのため、伊豆の三島を船出して伊豆半島をまわりながら、当時の国府所在地の大磯に上陸したのでした。そのとき、海路の羅針盤として大山はありがたかったのです。大山の麓の日高見国の人達も、災害と食料不足への不安から、大山に祈ったことでしょう。

筑波山はどうだったでしょうか。小山ではありますが、関東平野の中で唯一の高い場所なのです。雨季には江戸時代になっても人々は苦しんでいます。利根川、鬼怒川《きぬがわ》、渡良瀬《わたらせ》川など大河川の氾濫や霞ケ浦《かすみがうら》などの湖沼によって、あたかも水中に浮きあがったように見えたことでしょう。筑波山では、このような大河川の氾濫の監視をしていたと考えらえます。無事に農作業が終わると筑波山に登り、人々が喜びを歌った行事「かがい」が偲ばれます。このような自然の恐怖から、山にすがる山岳信仰が始まったのだと、私は考えています。

## 縄文・弥生時代から古墳時代への社会システムの変化

紀元前二五〇〇年頃大山扇状地の高台に、人々は多数の集落をつくるようになりました。そのため、集団をまとめるリーダーが必要になり、社会の仕組みが変わっていきました。環濠《かんごう》住宅遺跡としては宮《みや》ノ根《ね》遺跡（串橋《くしはし》）があり、峰《みね》遺跡（愛甲石田駅近郊）では周囲に溝を巡らした大きな墓も見つかっています。古墳の建造を担ったのは、朝鮮半島や中国大陸から伝わった高い技術だと考えられます。

日高見国の比比多や善波周辺に多数の村が分布していました。多くの村の中には渡来系住民も住むようになったと考えられます。伊勢原市の大住台《おおすみだい》遺跡では１００軒近い住居跡も確認されています。4～5世紀頃の古墳である石田車塚には前方後円墳があり、方墳としては4世紀半ば頃の塚越《つかごし》古墳や大人塚《だいじんつか》古墳があります。大山麓の古墳は日高見国の高部屋と比比多地区に集中していて、数百基あったとも言われています。

その中でも有名な遺跡は、三ノ宮地区にある登尾山《とおのやま》古墳と埒免《らちめん》古墳です。その豪華さは他と一線を画しています。馬具や装飾太刀、銅鏡などの副葬品が多く納められていました。これらの古墳の主は、持統天皇から奨励された栗の栽培によって食の安定した場所であ

（写真5）坂東の入り口の足柄峠　峠を振り返ると富士山の姿が望める

（写真6）松田寒田神社　酒匂川の畔に立つ相模13の1社

る、三ノ宮栗原地区の最高権力者であったと考えられます。6世紀から7世紀の頃、相模を統べる王者がこの三ノ宮を拠点として権力をふるっていたようです。

## 倭建命（日本武尊）の東征伝承と大山の関係

和銅5年（七一二）編纂の古事記によると、倭建命《やまとたけるのみこと》は景行《けいこう》天皇から東方12か国の平定を命じられ、吉備《きび》臣の祖先と東征を行ったとされています。倭建命は伊豆の三島（三島神社）で相模国の統一を祈願して、二岡神社（御殿場市）を創建し、足柄の坂（足柄峠）（写真5）を越えて相模国に入りました。また、東征の帰路も足柄峠から西に向かったそうです。

足柄神社（南足柄市）から酒匂川を越え延喜《えんぎ》式相模十三座のひとつの寒田《さむた》神社（松田町）（写真6）、余綾《よろぎ》郡（大磯町）、中村郷（中井町）と進んだようです。幡多郷《はたごう》（秦野市）で倭建命は大樹のもとに腰を下ろして大山、富士山を望み、その地に御嶽社《みたけしゃ》（秦野市名古木《ながぬき》）（写真7）を

（写真7）名古木御嶽神社　善波峠登りにあり富士山と大山を望む

（写真8）鶴巻石座神社　倭建命が石に座った伝承

建立したと伝えられています。ここから、大山を御嶽と呼ぶことになりました。

善波峠を越え石座《せきざ》神社（鶴巻）（写真8）から三ノ宮や日向と大山のふもとを回り、延喜式相模十三座のひとつの小野神社（厚木市）（写真9）に至ったとされています。そして、相模国の国造《くにのみやつこ》から枯れ草の原に誘い出され、火攻めのだまし討ちにあいましたが、持参の火打石《ひうちいし》で逆に火をつけ火勢を退かせて、苦境を脱したと伝えられています。小野は大山の東側を流れる日向川と北側から流れ出る玉川の間にある丘陵地帯です。小野の里は、美人で有名な平安時代の歌人小野小町《おののこまち》の出生の地とも言われています。但し、日本書紀の記載では、小野の場所は駿河の焼津とされています。

倭建命は休息のため石に腰を掛け西の方に大山を望み、指し示して大いに喜んだと腰掛神社（茅ヶ崎）（写真10）に伝えられています。この伝承は東征を果たした帰路のことで、苦労を重ね大山の見える相模湾岸に戻ったという安堵感があらわれたものでしょう。

（写真9）厚木小野神社
倭建命の小野の原の舞台

（写真10）茅ヶ崎腰掛神社
倭建命が石に腰かけた伝承

往路の倭建命はその後、鎌倉、逗子を経由して、葉山町の吾妻社（不動堂）を過ぎ走水《はしりみず》神社（横須賀）（写真11）に滞在し、木更津に向かって渡海したそうです。

## 弟橘媛と倭建命の愛情のうた

浦賀水道の渡海時に暴風雨にあいましたが、東征の成功のために、妻の弟橘媛命《おとたちばなひめのみこと》が倭建命の身代わりに入水することで荒れる海を静めました。このとき小野の草原火攻めの際の倭建命との愛情を詠んだ歌が伝わっています。

「さねさし相武の小野に燃ゆる火の火中《ほなか》に立ちて問ひし君はも」

走水神社はこの愛情物語の伝承が広く伝わり、若い女性のお参りが多いそうです。また、走水の住人の大伴黒主が倭建命に料理を献じたということで、包丁神社ともいわれ、料理をする人のお参りも多いようです。

（写真11）三浦走水神社
弟橘姫の伝承の神社

## 大山の御嶽《みたけ》信仰は倭建命が起源です

この東征によって相模国には、倭建命に関する多くの伝承が古墳や神社に残っています。これらは倭建命が駐留し、通過したところに当たります。大山を倭建命が御嶽として敬っていたことが伝えられています。最初に御嶽といったと伝わる秦野の名古木御嶽神社、石にお座りになった鶴巻石座神社、石に腰かけて西に見える大山を見て喜ばれた茅ヶ崎腰掛神社などが、古事記では御嶽の名称と関係しています。

古代の大山参拝道である秦野地区には10社、その他伊勢原地区には4社、平塚地区には3社の御嶽神社があり、また、大山の見える武蔵国府（府中市）には御嶽塚があり、中河原に御嶽神社があります。いずれも倭建命を祭神にしています。

倭建命の東征の道の各地に御嶽神社が祀られ、通過した道はその後の大山街道に当たります。渋谷区宮益坂《みやますざか》の大山街道沿いにも御嶽神社が祀られています。中山道や川越街道から大山街道に向かう道筋にも多くの御嶽神社があります。これらのことが、その後の大山御嶽信仰へとつながっていくのです。

## 相模国御嶽信仰と修験の道場としての大山

大山は霊山として古代国家の統治上の重要な存在であるとともに、山岳信仰の修行の場でもありました。修験道とは修験者としての呪術や呪力を獲得するために、山中で修行を行うことです。このことが地域の権力者の権力構造に重要な役目を果たします。権力者は修験者の支援者となり、彼らの呪術や念力を利用して権力を強めました。そのために、山岳信仰の地大山を国御嶽として、霊山としてあがめることになったのでした。

奈良時代には役小角《えんのおづの》が現れ、小角を中心にして修験道が組織化されました。役小角は大和国葛城山で修行をし、金峰山《きんぶさん》（吉野）や大峰山を修験道場として開創しました。小角は六九九年に讒訴《ざんそ》され伊豆へ流されました。相模修験道の発展はこの頃のようです。大山や八菅山《はすげさん》（愛川町）、日向山《ひなたさん》（霊山寺）が相模国の三大修験道場として有名です。そして、相模国の修験の中心は石尊大天狗、小天狗の大山でした。

平安末期には御嶽精進の修験者が山ごもりを行い、修験道の本山である吉野の金峰山の修験者が「金の御嶽の修行」を大山に移し、相模国の国御嶽と称しました。日本の中心で

（写真132）崇徳上皇廟前に立つ相模坊山。相模坊のわきに相模国大山から来たことが説明されている

ある金峰山御嶽（吉野）に対する地方の御嶽という意味です。金峰山の修験作法が大山に伝わることで、霊山化がすすみ大山開闢の発端となります。奈良大仏建立時に金が不足したため、良弁僧正が金峰山にこもり祈り続けて金が見つかったという伝承があります。当時の日本では金はまだ産出していなかったのでした。また、弘法大師空海も延暦12年（七九三）に金峰山にこもり、修験修行を行ったそうです。

「夫木《ふぼく》和歌抄」の隆弁《りゅうべん》大僧正の相模国御嶽奉納の歌は、次のように詠われました。

「いにしへの　吉野をうつすみたけ山、こがねの花もさこそ咲くらめ」

国御嶽としては信濃の御嶽山《おんたけさん》、伯耆の大山《だいせん》、加賀の白山《はくさん》などが、国見《くにみ》峰《たけ》として知られています。

相模坊という大山の修験者が一一五六年の保元《ほうげん》の乱で、崇徳《すとく》上皇に従いましたが敗れて讃岐に配流されました。一方、大山に伯耆坊がすみついたといわれています。相模坊は讃岐白峰山（香川県坂出市）に住みつき、崇徳《すとく》上皇の怨霊をなぐさめ、日本八大天狗の白峰山相模坊（写真

（写真133）四国八十八か所81番札所白峰寺に建つ第75代崇徳天皇の廟と白峰寺・頓証寺殿

（写真12）本坂3丁目白山神社碑

132）として四国の修験道を導いたそうです。四国八十八か所81札所白峰寺にある崇徳上皇廟に墓所（写真133）があります。

日本には八大天狗がいて、大峰（奈良・和歌山県）の前鬼・後鬼坊、愛宕山（京都府）の太郎坊、比良山《ひらさん》（滋賀県）の次郎坊、飯綱山《いいずなさん》（長野県）の三郎坊、鞍馬（京都府）の僧正坊、白峰山（香川県）の相模坊、相模大山（神奈川県）の伯耆坊、英彦山《ひこさん》（福岡県）の豊前坊《ぶぜんぼう》が大天狗といわれています。相模大山と讃岐白峰山《さぬきしらみねさん》と伯耆大山《ほうきだいせん》の関係がわかります。

阿夫利神社下社からの本坂3合目に白山神社の大きな碑（写真12）が立っています。また、高尾山（東京）の中腹に大山橋があり、富士山とつながる富士街道であり、高尾から浅川に至る大山街道の起点になっています。

このように、各地の修験者と連絡を取りながら、大山御嶽信仰を全国の民間に広めたと考えられます。しかし、大山には古代から雨ふり信仰があり「雨降山・阿夫利山《あふりさん》」の名の方が浸透していったため、御嶽山《みたけさん》の名は浸透しなかったと思われます。

## 仏教の伝来と伝播ルートはいくつかあった

二五〇〇年前に釈迦が開いた仏教の渡来は、百済《くだら》の聖明王《せいめいおう》が高句麗《こうくり》や新羅《しらぎ》の圧迫に対抗するために、五三八年欽明天皇に軍事的援助を求めて、仏像と仏典、仏具を献上した時とされています。

それ以前は渡来人の私的信仰として伝わってきました。六七年に後漢の明帝《みんてい》は求法説話を行ったとされています。中国の3世紀では三国時代の魏から邪馬台国の卑弥呼《ひみこ》が「親魏《しんぎ》倭王《わおう》」の印綬を授かりました。中国混乱期の4世紀は中国史に倭の記録がない時代でした。しかし、朝鮮半島には任那国《みまなこく》が存在していましたので、大陸や朝鮮半島の窓口になっていました。対馬や壱岐《いき》を経ての渡来人の往来によって、仏教について多くの情報がもたらされていたと考えられます。

高句麗には三七二年に前秦から伝わり、百済にも三八二年に東晋から伝わりました。中国の5世紀の南北朝時代の北朝の北魏では雲崗石窟《うんこうせっくつ》など仏教が盛んで、南朝でも宋、斉、梁、東晋とつづく国々が仏教を信奉していきます。

このようにガンダーラから敦煌をへて中国に伝わった仏教は、様々なルートで日本にも入って来たのではないでしょうか。『扶桑略記《ふそうりゃくき》』では継体《けいたい》16年（五二二）に止利《とり》仏師の祖父の渡来人司馬達等《しばたっと》が私的信仰として信奉したと言われています。

欽明天皇時代の倭（日本）には外来文化の学問として受け入れられましたが、推古12年（六〇四）の聖徳太子の「十七条の憲法」が仏教を公認したことで、政治の手段として重きを置かれるようになりました。皇極《こうぎょく》4年（六四五）中大兄皇子による蘇我氏滅亡の大化の改新（大化元年六四五）を経て仏教は益々、手厚く保護されていきます。

仏教の説く「死生観」や「祖霊信仰」の考え方がひろまり、大山近郊への仏教普及も畿内と変わらない時期だったと思われます。この頃には渡来人が住みついていて、何らかの情報が伝わっていたでしょう。大山の麓の三ノ宮地区の栗原にある6世紀末の登尾山古墳から法具の銅わんが出土しています。渡来人の多くは中国大陸の秦、魏、斉などの滅亡国家や百済や高句麗の皇族や民でした。

この頃は大陸との関係が親密で、朝鮮や中国東北部から小さな船で対馬や壱岐、若狭、越前、越後などに渡航してきたことでしょう。私も対馬、壹岐に調査に行き、想像以上に大陸、朝鮮半島との往来があったことを知り、記録に書かれなかった大陸との交流を思ったのでした。

## 百済国の最先端技術は日本に革命をもたらした

百済《くだら》の聖明王《せいめいおう》によりもたらされた仏教は威徳王《いとくおう》の時代にさらに飛躍する事件が起きました。五二三年に聖明王が新羅《しらぎ》との戦乱のなかで死亡すると、五五七年に即位した威徳王は蘇我馬子の要請で、倭との軍事連携を重視し、僧6人と最先端技術者を派遣してきました。敏達《びだつ》6年（五七七）に当時の百済の都であった扶余に建立された「王興寺」の技術者たちです。日本では敏達天皇6年のことでした。時の権力者の権威は大寺院の建立と仏像を見せることと拝むことでした。仏教は和と調和を伝える、今まで日本にない思想でした。

寺院の建立や造物は、様々な最先端の技術を必要としました。寺工、瓦技師、画工、羅盤技師、仏師など、高い技術を持った百済の博士を派遣してくれたのでした。その人たちが瓦屋根の寺院を造り、仏像を制作し、仏画を描き、装飾品を細工し、それらの弟子を育てたと考えられます。当時の日本では建物は木と草でできていました。瓦屋根で装飾を施した朱塗りの建物や金色に輝く仏像に、人々は畏敬の念を持ったことでしょう。

10年後の用明天皇2年（五八七）に飛鳥寺（法興寺）が創建されました。近年の発掘では百済の王興寺と相似した寺院であるといわれています。百済からの技師による10年に及ぶ弟子の育成が実を結んだといえます。その後、五九三年に聖徳太子が建立した四天王寺などの寺院建設に活かされていきます。

推古天皇30年（六二二）に聖徳太子が没し、翌六二三年に聖徳太子夫人が造らせた法隆寺の金堂釈迦三尊像は鞍作止利《くらつくりのとり》の作ですが、その祖父は百済からの渡来人です。東大寺やそれに続く大山寺も百済人の育成した工人により造られたと考えられます。また、百済だけでなく、大陸や他の朝鮮国からも先端技術がもたらされたという説もあります。

いずれにしても、この最先端技術の導入をキッカケにして、神社仏閣の建設や工匠、職人の育成など技術の承継により、日本の文化工芸品や工業製品に大きな影響をもたらしたことは間違いのないことです。

百済の威徳王の子息に阿佐《あさ》太子がいます。阿佐太子は597年の推古5年に、法隆寺に伝わる「聖徳太子二王子像」の肖像画を描いたとされています。その後、阿佐《あさ》太子は王朝を引き継ぐため百済に帰国しましたが、暗殺されてしまいます。当時の百済では技術集団の博士たちの先端技術は門外不出であったことがわかりました。

それらのことは二〇一五年放送の韓国ドラマの「ソドンヨ」で描かれています。百済国は阿佐太子の弟で、「ソドンヨ」の主役である百済30代武王《ぶおう》の余璋《ヨチャン》（在位600～641年）

に引き継がれました。阿佐太子の太子肖像画の伝承は異説があります。

## 高麗王若光《こまのこしきじゃっこう》の渡来と高麗郡《こま》の新設

斉明天皇6年（六六〇）の百済滅亡の危機に際し斉明天皇は中大兄皇子に命じ、人質であった百済王族の豊璋《ほうしょう》を鬼室福信《きしつふくしん》の要請に応じ、百済再建のため、5千人の兵士を付けて百済に送り返しました。斉明天皇は朝倉宮（福岡県）にて68歳（六六一）で急死してしまいます。中大兄皇子《なかのおおえのおうじ》は百済復興を引き継ぎ、天智元年（六六二）には阿曇連《あずみのむらじ》阿倍比羅夫《あべのひらふ》を軍船170艘で派遣しました。さらに天智2年には2万7千人を3軍に分け百済に送りますが、倭・百済は唐・新羅連合軍に663年白村江《はくそんこう》で大敗してしまいました。中大兄皇子は天智6年に即位して天智天皇と称し、近江宮に遷都しました。

唐・新羅連合軍は天智6年（六六七）には高句麗《こうくり》にも侵攻します。高句麗は日本に援軍要請の使者を派遣しますが、天智朝は先の敗戦で軍船もありません。高句麗の大使、副使、二位（玄武若光）は滞在中の天智7年（六六八）にとうとう母国の滅亡に遭い、彼らは帰国することができなくなりました。

天智・天武天皇は玄武若光を高句麗の王族として遇しました。大宝3年（七〇三）文武天皇が若光を従5位下に叙し、高句麗王族として「王」の姓を賜っています。霊亀2年（七一六）武蔵国に高麗郡を新設するため大領（長官）として高麗王若光が任命されました。ちなみに百済滅亡により1万人ともいわれている百済遺民は関西に移され、その後多くは農民として九州などに移住させられました。

滅亡国家の遺民について、『新撰姓氏録《しんせんしょうじろく》』の左京諸蕃太秦公宿禰の條に、「応神天皇の十四年（二八三年）、秦の始皇帝の裔の百済人弓月君が百二十七県の百姓を率いて帰化し、仁徳天皇の御世にこれを諸国に分地して機織の業に従わせ波多氏（幡多）と称した」とあります。波多郷は遺民が集団的に配置されたところで秦野市にあたります。

## 若光王（白髭明神）高麗郡への道　（地図3）

高麗王若光は近江から陸路熱田に向かい、駿河の高麗《こうらい》遺民と合流し、伊豆半島から海路をとって相模湾に入りました。大山を羅針盤にして大磯の高麗山（写真13）に上陸したとされています。

「霊亀2年（七一六）5月駿河、甲斐、相模、上総、下総、常陸、下野七カ国から高麗（高句麗は5世紀から高麗と称す）人一七九九人を武蔵国に遷し、高麗郡を置く」と日本書紀

（写真13）唐の原から高麗山後方に雲がかかる三角錐の大山

（写真14）大磯高来神社
寄進者に二宮金次郎の名

に記載があります。それによって、これらの地域には相当な高麗遺民が住んでいたことがわかります。

高麗遺民の定住は持統元年（六八七）に高句麗人56人を常陸に移すと日本書紀に記載があります。上陸地点の高麗山（大磯）には高麗神社（明治30年から高来神社）（写真14）が置かれ、若光王はしばらく大磯地区に滞在したようで、花水川河口に「唐の原」という地名が残っています。

日向《ひなた》にある日向山霊山寺は僧行基《ぎょうき》開祖といわれ、霊亀2年（七一六）に創建されています。行基に開創の霊木を贈ったのが若光王すなわち白髭明神で、行基はその霊木で薬師如来を彫ったといわれています。若光王はその3か月後に高麗郡の任地に着きました。霊山寺の門前には鎮守のための、日向神社（白髭神社）（写真15）が建てられています。

日高市（埼玉県）の高麗神社には若光王が高麗明神として祀られています。その高麗郡への道は倭建命の東征の道に重なります。若光王が滞在し立ち寄った各地には高麗遺民が住み、白髭神社が置かれることになり、若光王を祀っているのです。

（写真15）日向白髭神社　日向神社として鎮座高句麗若光王を祀る

武蔵国府のあった府中市（東京都）大國魂神社境内の資料館の展示では、宝亀元年（七七〇）８月に武蔵国国司の任についた高麗福信（高倉福信）は高麗王族の末裔で、武蔵国高麗郡の出身であると解説されています。

## 関東武士の戦闘は馬、関西の武士は船を使ったのはなぜか

持統天皇は高句麗の遺民を主に関東に配置しました。その代表が埼玉県高麗郡の若光王となります。高麗遺民は各地域から高麗郡に集まりました。持統天皇は百済滅亡による百済遺民は、関西や九州に配置しました。

源氏は馬、平氏は船といいますが、平野の多い関東、東北は馬の生産に適し、馬を育てた御牧《みまき》（長野県）など、各地に官営牧場の名前が残っています。そして、馬を使った戦闘が行われたのでしょう。関東武士といわれる比企氏、波多野氏、秩父氏、足利氏などの郎党には渡来人の子孫がいたと考えられます。日本では縄文時代に馬の数が少なかったよう

です。弥生時代に大陸から渡ってきたといわれています。

一方、関西は瀬戸内海があるので、船を使う戦闘が盛んになります。船が移動手段となります。水軍といわれる村上、九鬼《くき》、来島《くるしま》、熊野はすべて西になります。

筆者の仕事は20年ほど海外担当でしたので、韓国や高句麗の本拠である中国東北の遼東《りょうとう》半島や瀋陽《しんよう》などに行きました。韓国百済の都の扶余《ふよ》、熊津《ゆうしん》は思った以上に山が多く、平地が少ないのに驚きました。西は黄海で中国の山東半島が近く、船を使うことが多かったはずです。遣隋使も百済を経由して隋に行きました。一方、中国東北部遼寧《りょうねい》省や吉林《きつりん》省は見渡す限りの平地で、馬がなければ移動できないことが想像できました。

このような持統天皇から続く渡来系の人たちの配置はその後の武士の発生に影響し、戦闘方法の違いにもなっていると考えられます。関東平野の人達と関西人とでは、言葉も思考形態も生活習慣も違います。この違いの要因の一つに、渡来人の国々が関係していると考えられるのです。関西の言葉には朝鮮から伝わった言葉が多く残っています。

## 防人《さきもり》と万葉集「相模峯《さがむね》」のうた

白村江の敗戦により、天智6年（六六七）に天智天皇は飛鳥の宮から近江に王朝を遷しました。この頃から倭を日本と称しています。二〇一一年10月23日付の朝日新聞によると、中国で発見された墓誌に、百済の将軍祢軍《でいぐん》が白村江の処理のため「天武7年（六七八）に日本に派遣された」と記されているそうです。大宝2年（七〇二）に唐の則天武后《そくてんぶこう》によって、「倭から日本」への国号変更が承認される前のことです。このことから想像すると、朝鮮半島では日本という国号が使われていたことになります。

日本は朝鮮半島の3国の緊張関係のなか、3国と交流するという有利な外交政策をとっていましたが、天武5年（六七六）新羅の三国統一を受けて、唐・新羅の侵攻に対抗する必要がでてきました。天智天皇は緊急の対応として、新羅からより遠い、内陸の近江への皇宮移転と危険にさらされる九州の防衛強化を行っています。そこで東国の若者は九州防衛のために西国に下って行ったのです。これらの若者は防人といわれ、故郷を離れ、恋人と離れて、遠い九州の地で日本の防衛にあたったのでした。多くの歌が残っています。

「万葉集」巻十四東歌《あずまうた》（3362）

「相模峯の小峰見そくし忘れ来る妹《いも》が名呼びて吾を咒《ね》し泣くな」

（大山峯を見ないようにして、西に向かうが、忘れがたい妻の名を呼んで、私を泣かしてくれるな。）　相模峯は大山を指しています。

東歌巻十四－３３６４
「足柄の箱根の山に粟蒔きて実とはなれるを粟無くもあやし」
（足柄山に粟を蒔いて実がなったのに、逢わなくなったのはなぜだろう。）
東歌巻十四－３３７２
「相模路の余綾《よろぎ》の浜の真砂《まさご》なす児らは愛《かな》しく思はるるかも」　余綾浜は大磯の浜を指します。
（大磯の海岸の砂のように純真な、あの子のことを思っただけで、どうしようもなく切なく心が乱れる。）

## 大山の麓に万葉古道の駅路と大住軍団があった

全国的な交通路の統一が奈良時代に起こり、唐の制度に倣い駅制度が大化の改新以後に改められました。この万葉古道を通って、防人や国司は往来したのでした。西から足柄峠を越えて、富士山と別れ未開の国の坂東に入ってきました。足柄峠が権力の境界でした。江戸時代には「入り鉄砲に出女」を厳しく監視するため矢倉沢に関（写真16）が置かれました。ここから江戸への道が矢倉沢往還です。

（写真16） 矢倉沢関跡　徳川政策の「入鉄砲に出女」の厳しい禁制の場所

（写真17） 足柄郡関本宿
相模国最初の宿場で栄えた

最初の駅は足柄郡の坂本（関本付近）（写真17）でした。この駅には宿泊設備があり、簑笠、乗用具が置かれていたそうです。大山を望み秦野盆地の山際を通り、善波峠を越え、笠窪から箕輪《みのわ》（伊勢原市）の駅に到着しました。和名抄によれば、宝亀元年（七七〇）に古東海道が置かれるのに伴い、箕輪に駅をつくることになりました。

関本から国府津《こうづ》に出て、六本松から中井に至り、善波峠から白根に向かい箕輪の駅に着く古道が開発されました。延暦21年（八〇二）の再度の富士の噴火で、足柄峠が閉鎖され、箱根越えが開発されました。この古道は江戸時代も使われた大山街道と重なります。

師長《しなが》国造や相武《さがむ》国造が任命されると、その中心地が駅となり大いにぎわったといわれています。駅には馬が置かれ、郡ごとに5匹が配られました。箕輪の駅には12匹の馬が置かれました。当時、馬は輸入品で貴重でしたので、官営の牧場が置かれました。相模国では池端（伊勢原市）の高根にあったといわれています。高根には駒形という地名が残り、馬の守護神を祀る絵馬堂の遺跡があります。馬場畑や馬場下などの地名も残っています。

大化の改新の後で、駅路の整備と軍制の改革は重要でした。天智天皇、それに続く天武天皇にとって、強大な国の唐と三国を統一した新羅が争うことになった大陸の情勢は予断を許さなかったのでした。防人による九州防御は最優先事項でしたが、当時の軍装は戦いの続いた大陸から見ると、体を守るほどではなかったそうです。持統天皇としては、軍備の整備と食料の増産をはからねばならなかったのでした。

大宝元年（七〇一）に制定された大宝律令《たいほうりつりょう》により、国民皆兵制度がしかれました。徴兵の方法は、21歳から61歳までの男子が義務に服しました。21歳から30歳までの間がもっとも多く、軍隊は常時在団の方式ではなかったそうです。

100日に10日間、1年間に36日在団し、非番の日は家業に従事したようです。軍勢は国によって違い、大きな生産国では当然人民が多いので、多くの人数の軍を持っていたのです。兵数1万人以上を大軍といい、5千人以下を中軍、3千人以下を小軍とし、階級制になっていたそうです。

善波峠を越えた笠窪の箕輪駅が坂東の大住軍の駐在所でした。余綾軍団は西小磯の万代に置かれました。大住軍は中軍規模で、常に60人以上の兵士が交代で駐留していたそうです。このように人口に対して不相応に大軍を組織し、広大な兵舎や馬屋、倉庫を有していたことで、負担が大きくなり、徐々に兵が集まらなくなってきました。

大宝律令による兵制は平安京に遷都する2年前の延暦11年（七九二）に特別の場所以外は廃止されました。しかし、その後に続く、兵農集団の発達や関東武士団の発生を見ると、その素地として大宝律令の兵制が影響しているのです。箕輪の駅は大山の麓にあり、古くから開け、古墳が多いことでも知られています。国衛のあった白根も比比多地区にあり、余綾郡の神揃山に相模国府が移るまでの相模国府の所在地でした。

# 第二章　大山寺開山と神仏習合《しんぶつしゅうごう》時代の幕開け

## 聖武天皇による国分寺、国分尼寺の建立

山そのものが神体であり、山頂の自然巨岩を石尊権現として祀ってきた山岳信仰の聖地・大山の歴史に仏教の聖地が加わります。そのきっかけは元明天皇による和銅3年（七一〇）の奈良の平城京への遷都で、神亀元年（七二四）に即位した聖武天皇による

「盧舎那仏《るしゃなぶつ》」建立の悲願でした。聖武天皇は天平13年（七四一）に仏教を国の国教に決めて、国家鎮護のために日本各地に国分寺と国分尼寺の建立を命じました。

相模国の国分寺は所在が不明でしたが、近年になり海老名に置かれたことがわかりました。相模国分尼寺のある海老名市に遺構が見つかったのです。国分寺、国分尼寺が建立された海老名の地は西に相模川をはさみ大山を望む地でした。季節により日没時はダイヤモンド富士や大山に夕日が沈んでいくのが見られることから、極楽浄土の地と考えられたのでしょう。相模川の湿地帯に拡がる水面は金色に輝き、夕日が映し出す三角錘の大山の山影を伏し拝んだことが想像されます。

## 国分寺より早い日向薬師（日向山霊山寺《ひなたさんりょうぜんじ》）と石雲寺《せきうんじ》の開創

大山の麓である日向は早くから開けた修験の地であり、日向山霊山寺は霊亀《れいき》2年（七一六）（写真24）に僧行基によって開創されました。大山寺より40年前のことです。「日向山霊山寺縁起」等によると、国分寺の建立に向けて、大山の山腹に1寺を建てたと思われます。行基は若光王からいただいた香木で薬師如来像を彫り、その像を祀ることで薬師信仰を開いていきました。

（写真24）日向薬師仁王門
日向山霊山寺の堂々とした門

薬師信仰は聖武《しょうむ》天皇の后である光明皇后《こうみょうこうごう》が目の病を癒すために広めたともいわれています。自ら民衆の医療福祉に力を入れた光明皇后は、「施薬院《せやくいん》」という治療施設や困窮者救済のための「悲田院《ひでんいん》」を造り、慈善事業に力を尽くしたといわれています。光明皇后と行基は大仏建立責任者として共に協力関係にあったと思われます。行基菩薩の薬師信仰は目だけでなく、すべての病に及んでいます。

日向薬師は奈良の薬師寺、上越の米山薬師と並び三大薬師（諸説あり）といわれています。天暦《てんりゃく》6年（九五二）に村上天皇の発願により梵鐘《ぼんしょう》が納められ、一条天皇の時に勅額《ちょくがく》を賜っているのです。日向薬師はその後の鎌倉、江戸時代を通じ、眼病平癒の祈願が多くみられます。

大山寺と同じ山号を持つ、雨降山石雲寺は養老2年（七一八）開創という古刹です。華厳妙端《けごんみょうたん》法師が東国に行脚した時に、日向の谷にわけいり、亡き大友皇子の御霊をとむらうために建立したそうです。寺には大友皇子の位牌と伊勢宗瑞の三男による天文12年（一五四三）の諸役免除の通達文書が残っています。平成13年発行の「いせはら」ではこの通達文書は伊勢原市最古の文書と記されています。

石雲寺へ登る途上に、大友皇子の陵と伝承される石造五層塔があります。14世紀後半の南北朝時代の建立と伝わっています。皇子は壬申《じんしん》の乱で天武天皇との戦いに敗れ、25歳で近江の山前（大津市）で自害したといわれていますが、当地の伝承では、近江から逃れ日向の山頂に隠れ住んだそうです。

## 聖武天皇発願の東大寺建立は行基から良弁《ろうべん》に引継がれた

「奈良の大仏様」で知られている東大寺が建立されなかったら大山寺《おおやま》（大山のお不動さん）はなかったといっても良いでしょう。聖武天皇とそのあとを引き継いだ光明皇后の一大事業である大仏建立は、混迷する社会情勢の中で難航します。天平6年（七三四）の大地震や天平9年（七三七）の天然痘などの疫病の発生、干ばつや飢餓などで民の苦難が続いていたのです。

天平13年（七四一）に各地に国分寺と国分尼寺の建立の詔を発したのは、前年に九州で起きた藤原広嗣の乱によって、社会的な不安が広がったからでした。社会不安を取り除き、民の心を聖武政権に向かわせる必要があったのです。聖武天皇はさらに、巨大な「盧舎那

（写真25）奈良東大寺は日本の総国分寺良弁僧正の開山で初代別当

仏」の建立を思い立ちました。

天平15年（七四三）10月に、近江国紫香楽宮《しがらきぐう》で大仏建立の詔を発しました。『続日本紀』にその全文が記録されています。「私は天皇の位につき、民を慈しんできたが、仏の恩徳いまだにあまねくいきわたっていない。（中略）菩薩の衆生救済《しゅじょうきゅうさい》の誓願を立て、盧舎那仏の金銅像一躰を造ろうと思う。国中の銅を尽くして仏を造り、大山を削って仏堂を建て、広く天下に知らしめて私の知識とし、同じく仏の恩恵をこうむり、ともに悟りの境地に達したい。（後略）」（口語訳）

東大寺（写真25）は大和国の国分寺であるとともに日本の総国分寺に位置付けられたのでした。当初、大仏は紫香楽宮の近くに造られる計画でしたが、近くで山火事が多発し中止になりました。都が奈良の平城京へ戻るとともに、現在の地に建立されました。盧舎那仏の建立の責任者には、民衆に人気があった行基が起用されました。

天智天皇7年（六六八）河内国で生まれた行基は、天武天皇11年（六八〇）僧義淵《ぎえん》のもとで僧侶になりました。大仏造りには、天然痘や

（写真26）盧舎那仏
聖武天皇誓願の金銅仏

重税に苦しむ民のために住む家や薬を施した、行基の力が必要だったと考えられます。また、光明皇后との連携もあったと想像されます。

大衆から行基菩薩と敬われた行基ですが、大仏の完成を見ることなく天平勝宝元年（七四九）に病死しています。天平勝宝4年（七五二）4月に挙行された大仏開眼供養会には、聖武太上天皇、光明皇太后、孝謙《こうけん》天皇などの政権要人が参列し、行基が迎えたインド僧の菩提僊那《ぼだいせんな》僧正が開眼の導師を務めました。

大仏造り担当であった行基菩薩の死後、大仏建造は同門の良弁に引き継がれ、造東大寺司次官佐伯今毛人《さえきのいまえみし》、工事責任者百済系の国中公麻呂《くになかのきみまろ》と共に聖武天皇を助け、「盧舎那仏」（写真26）を完成させました。良弁は4月の大仏開眼供養後の5月1日に、大仏造営の功績により初代東大寺別当に任じられました。

## 大仏建立により平城京は汚染された

大仏建立には大量の銅と金が必要でした。銅は「西海から集めた」とされ、山口県の長登《ながのぼり》銅山で必要な約５００ｔをほとんど産出しました。当時日本では金が取れず海外に求めることが考えられましたが、幸い陸奥の国で必要な量の砂金が発見されたのでした。

日本最初の金の発見者である百済の王族の百済王敬福《くだらおうきょうふく》は、陸奥守に任命され多賀城に赴任していました。天平21年（七四九）正月に陸奥国遠田《とおだ》郡涌谷《わくや》の小川から砂金が採取されたのです。現在の黄金山神社の周辺でした。おそらく、砂金に関する知識を敬福の周辺の百済系の人達は承知していて、この地に赴任したのでしょう。黄金９００両（38kg）という大量の砂金を、2か月かけて平城京に送りました。聖武天皇はたいへん喜ばれ、年号を天平感宝と変えたほどで、敬福を七階級特進で河内守に任じました。

製作途上では銅の鋳こみによる爆発事故が起きたり、金による公害などが、その後の平城京を悩ましたりしました。金の製作には水銀を使います。当時の工法では水銀に金を付着させて、水銀を蒸発させることで純度の高い金が造られました。水銀を大量に使うことが、その後の平城京の民に水銀中毒を引き起こし、多くの命を奪ったことでしょう。

金銅仏像の製作には大量の水銀が必要でした。水銀は赤色に染まった朱砂や丹砂を蒸発させることで精製できました。それには水銀を含んだ赤い土を見つけることが必要で、多

（写真27）二月堂前の二代目良弁杉
初代は昭和35年の台風で倒木

くは修験者により発見されました。赤い土は「丹」といい、現在でも地名に丹を使います。大山の近くでは「丹沢」、「丹那」として名前が残っています。水銀は空気中や地中にしみこみ、水質を汚染します。このことで、平城京は74年という短い都となり、母が百済系渡来人である桓武天皇により延暦3年（七八四）に長岡京に、10年後の延暦13年（七九四）に平安京へ遷都を余儀なくされました。

## 東大寺初代別当で大山寺を開創した良弁僧正はどんな人

「大山寺縁起《おおやまてらえんぎ》」によれば、良弁僧正は持統3年（六八九）、漆部氏の出身で相模国国造の染谷太郎時忠の子として鎌倉由比郷で生まれたとされています。染谷氏は文武天皇の慶雲2年（七〇五）に鎌倉を開いた人という伝承があります。別伝では、父親（染野氏）は百済系の近江滋賀出身で野良作業をしていた時、小児の良弁は母親が目を離した瞬間に鷲にさらわれたとあります。地元大山では、上粕屋から大鷲にさらわれたといわれています。

奈良の二月堂前の杉の木（良弁杉）（写真27）にあった大鷲の巣から泣き声が聞こえ、僧義淵《そうぎえん》は巣から猿が抱いて降りたのをうかがうと小児だったので助けたそうです。小児の手には生誕の年月日を記した錦の産衣が握られていたそうです。聡明な子だったので僧として育てられたのでした。（「東大寺の昔話し」発行：華厳宗大本山東大寺）

その後、30年以上にわたり各地を訪ね歩いた父母が良弁僧正のことを聞き、東大寺の大杉の下で再会し、証拠の左腋下の三黒子で親子を確認したという伝承があります。名僧義淵のもとでは行基菩薩と兄弟弟子になります。筆者は中学校の修学旅行（昭和34年）で良弁杉の前に立ち、どのようにして上粕屋から大鷲が運んだのかなどと考えたものでした。筆者の見た良弁杉の大木は昭和35年の台風で倒れたそうです。

良弁は東大寺の前身である金鐘寺《こんしゅじ》で聖武天皇の皇子の供養を行い、義淵から華厳宗の奥義を受けました。生駒市の東山に隠棲し、自ら彫刻した執金剛神像を安置して修行にはげみ、金鐘行者の異名を得たのですが、それが聖武天皇の耳にとまり、後の金鐘寺を賜りました。天平14年（七四二）に聖武天皇の勅により金鐘寺が大和国分寺に指定されました。天平17年には律師となります。

天平勝宝4年（七五二）には東大寺大仏建立の功績により東大寺の初代別当の勅命を受

けました。その年に聖武太上天皇の許しを得て相模国に下ります。天平勝宝7年（七五五）に都に戻り、孝謙天皇，聖武太上天皇は大いに慶ばれ、雨降山大山寺《うこうさんたいさんじ》の勅願寺の勅命を得ました。天平勝宝8年（七五六）に鑑真と共に日本初の大僧都に任じられました。その年の8月に聖武太上天皇が崩御された。天平宝字4年（七六〇）8月には仏教界の粛正のため、慈訓、法進と共に、僧階を改めるように奏上し、仏教界の改革をします。さらに晩年には滋賀石山寺の建立（縁起絵巻）にかかわっていきます。

宝亀4年（七七三）に僧正に任命され、その年の閏《うるう》11月24日に没しました。東大寺開山堂には、国宝に指定された「良弁僧正坐像」が安置されています。東大寺二月堂下、四月堂北側白壁の囲みの中で、宝形造の小さなお堂です。開山堂は重源《ちょうげん》上人による東大寺再建の一環として、正治2年（一二〇〇）に全面的に改築されています。小堂ながら重源上人の思いのたけが現れていて、大仏様建築に特有な手法が見られるそうです。

## 大山の麓の子易《こやす》明神に良弁の安産を祈った

染谷氏は、大山町の境界の上粕屋子易明神（比比多神社）（写真28）に、ようやく得られたわが子の安産祈願をしたそうです。大山開闢に当たり良弁と共に登山して、天平時代

（写真28）子易明神比比多神社
染谷時忠が良弁の安産を祈願した

創建の荒廃していた子易明神を修築しようとしたことが、上粕屋の生まれという伝承になったと思われます。のちに、平安時代の染谷氏の所領が糟屋郷でしたので、子易明神と関係があったと推測されます。

再建を果たせなかった染谷時忠が没したのちに、その妻が子易明神（比比多神社）の修築を果たしたそうです。その後、染谷時忠は三ノ宮神社に奉祀され、三ノ宮神社も比比多神社と称したのでした。子易明神は現在でも安産の神として、祈りの場所になっています。神社の庇《ひさし》を支える向拝柱を削って、煎じて飲むと安産になると信じられていました。

江戸時代には大山参りで立ち寄る人が多く、拝殿には歌川国経の「美人図絵馬」も奉納されるなど、安産の守護神としてたいへんにぎわったそうです。子易明神は大山街道の入り口に当たり、境内から石段が始まりました。現在は左側のバス通りは坂道になっていて、昔の景色を思い起こさせます。染谷時忠のお墓は明治初期まで大山町下子易の龍泉寺にあったが、現在所在不明です。（地元大津家の伝承）

（写真29）雨降山大山寺不動明王
良弁開山の聖武天皇の勅願寺

## 良弁が山中にパワーを感じ、大山寺を開山した場所はどこ！

大山寺（写真29）は良弁僧正が都に戻り聖武天皇（当時は上皇）に願い出て、天平勝宝7年（七五五）に開山したことに始まります。良弁僧正は相模国に生まれたことで、晩年に粕屋郷を訪れて大山に登ったのです。「大山寺縁起」では最初に大山山上に上がったのは行基菩薩ではなく、良弁僧正となっています。

大木、岩山、キツネ、狼と、とても山中に分け入れる状況ではなかったのですが、吉日を選び、良弁を先達にして、人々は斧、鎌、鍬《くわ》などを持ち、木を切り倒し、磐石を切り離して、今の金堂の前に登っていったのでした。峰上に登ると、地面から五色の光が出ているのを見出し、不思議に思い地面を掘ると石像の不動明王が現れました。

大山寺縁起では、良弁が「山頂で三十七日間の不動秘法を修めたところ、不動明王により、この山が弥勒菩薩の浄土であり、釈迦の代わりに

（写真30）大山寺開山堂
良弁を祀る堂で前不動にある

この山に出現して、法を守護し衆生を利益しているとの宣託を受けて、いったん奈良に戻り、父母への孝養をこころざし、聖武太上天皇から勅許を得て、東大寺を離れるとともに、大山寺に勅願寺の宣下を賜った。大山寺の開山は大仏開眼から３年後のことでした。天平勝宝４年（七五二）に良弁は鎌倉の由比ガ浜から、染谷氏の所領の故郷に上陸した」と伝えられています。

染谷氏の屋敷は鎌倉の長者ケ窪にあったそうです。染谷夫妻は大山の麓にある上粕屋の子易明神に良弁の安産を祈りましたので、染谷氏は良弁と共に、お礼と再建のために子易神社に参ったと言われています。良弁は人々に霊山と聞き、大山寺の開創（写真30）を思い立ち雨降山に登りました。

良弁僧正が大山寺を開創した場所（現在の阿夫利神社下社拝殿）は山全体から見ると中腹（約６９０ｍ）に当たります。山頂の石尊権現を目指す修験者は日向山からは雷尾根を登り、蓑毛からは浅間尾根を登ったのでしょう。良弁以前に大山町から直登し、山頂を目指す人は少なかったと考えられます。

良弁も鈴川沿いの沢筋を登り、建立場所に達したと推測されます。この沢筋の道が大山門前町となり、追分からの男坂になります。旧大山寺の場所は大山全体では比較的傾斜が緩やかな台地にあります。ほぼ同一標高の蓑毛から蓑毛越や拝殿道、日向からの見晴台なども比較的台地になっています。それらの地から山頂を目指すと急激な岩場となり、寺が建てられるような台地は見受けられません。良弁僧正が最適な地を選んだことがわかります。

## 大山の名は雨降山大山寺《うこうさんたいさんじ》から

東大寺建立に協力した工匠である手中明王太郎を伴って大山に戻り、3年間大山寺（通称はおおやまてら）で伽藍を整えました。一山を挙げて雨降山大山寺と号し、関東一円に広く信仰されていた石尊さん信仰を継ぐ山頂を石尊社と称しました。この頃から大山《おおやま》というようになったと考えられます。

聖武太上天皇の勅願寺（天平勝宝7年七五五）の大山寺は房州、相州、総州の三カ国の租税を以て寺運営の経費にあてられました。朝廷は染谷氏を関八州の太守に任じたそうです。時代が下って土方歳三《ひじかたとしぞう》の墓があることで有名な、平安初期創建の武州の高幡《たかはた》不動金剛寺、歌舞伎の成田屋が信じる、天慶3年（九四〇）開山の総州の成田不動新勝寺と共に、真言宗の坂東三所の古霊場であるといわれましたが、大山寺が第1位ということです。現在でも1番目の発心の寺が雨降山大山寺で、108番目の結心の寺が成田山新勝寺になっています。

良弁僧正の大山寺の創建は染谷氏の故郷という理由だけでなく、日本各地への国分寺の建立、それに続く「盧舎那仏」創建、東大寺の建立という歴史上の大きな出来事の中で行われました。もちろん、渡来人から引き継がれた、仏像造りや瓦や装飾具などの工芸品の職人の育成があったことは想像に難くありません。また、同門の行基とは、行基が日向薬師を建立したことや、修験の山である雨降山《あふりやま》のことを東大寺創建時に話し合っていたことも考えられます。

現在、大山寺では江戸時代の山門の扁額から阿部利山大山寺《あぶりさんおおやまてら》と称しています。

## 大山門前町は良弁の従者が開いた

良弁は大山寺創建のため、東大寺で棟梁を務めた手中明王太郎などの工匠他多くの職人や、寺の運営の神家侍の3人の従者など多数（60名の伝承）を連れてきました。二人は大満家、千代満家を当時の大山の登り口の本道である蓑毛《みのげ》（秦野市）に置き、若満家を大山に住まいさせました。食事をつかさどる閼伽井坊《あかいぼう》も大山に住まいさせました。

この人たちの子孫は天平勝宝から続く、大山の門前町の形成を行っていったのでした。このように東大寺創建時の大工の棟梁、お寺造営職人や良弁の従者などが力を尽くして、大山を開いていったことがわかります。現在、良弁僧正の名は、江戸時代に国貞の浮世絵に描かれたみそぎの滝である良弁滝や、良弁堂、近くで営業する江戸時代以来味の変わらない良弁饅頭などに残っています。

大山寺の伽藍建設や修復は天平勝宝の建立以来、大工棟梁の手中明王太郎の手になります。大山の新町の神輿が手中氏の作といわれ、彫刻が見事で、夏祭りには今でも担がれています。宝亀5年（七七四）に手中明王太郎文観は大山にて没しました。

このように見てくると、東大寺創建がなければ大山寺創建もなく、大山の町が開かれることもなかったと思うのです。

## 源氏と大山寺の関係は良弁の父染谷氏が鎌倉を開いたから

大山寺縁起によれば、良弁僧正の父親は漆部氏の染谷太郎太夫時忠といわれています。伝承では小児の良弁が鷲にさらわれたということが有名ですが、『伊勢原町勢誌』は、「子は育ちに従い、風格才能が優れていたので、時忠は南都に就学させようと思い立ち、当時の名僧覚明《かくめい》上人（釈書には義淵僧正）のもとに弟子入りさせた。そして修行すること四十余年良弁と号した。」となっています。

父母の孝養を志し、勅願を得て、良弁は故郷の山にかえってきました。船に乗って相模湾にきて，由比が浜に上陸し、大山に向かいました。時忠は由比郷の長者ケ窪に住まいを持ち、文武天皇（七世紀末）の時代に鎌倉を開いたという伝説を持つ人です。

染谷時忠は富豪で従臣も多く、権威は郡国司を越える存在でした。東大寺要録には染部伊波（染谷時忠）から商布2万端の寄進があったことが記載されています。天平年代に外従五位下の位をさずけられ、神護景雲2年（七六八）に相模宿禰、相模国国造に任命されました。

鎌倉の長谷の鎮守のため、和銅3年（七一〇）に行基が甘縄神明宮（写真31）を創建し

（写真31）長谷甘縄神明宮　良弁の父染谷時忠創建で源義家の誕生を祈願した神社

ました。鎌倉最古の神社といわれています。前九年の役（一〇五一〜一〇六二）で陸奥の安倍頼時を討伐した、鎮守府将軍の河内源氏2代目の源頼義が3代目の義家（生誕長暦3年、一〇三九）の生まれ来るのを甘縄神明宮に祈願したといわれています。

その後に源義家が社殿を修復し、頼朝が荒垣や鳥居を建てました。このように、源氏の間では染谷時忠の建立した長谷の甘縄神明宮と所領の糟屋荘とたいへん関係が深かったのでした。甘縄神明宮の石碑の裏には源義家銘が刻まれています。

頼義は長元3年（一〇三〇）に、父の初代河内源氏の頼信と共に「平忠常の乱」を平定して、鎌倉に屋敷をさだめました。これにより、源氏の東国支配の拠点は鎌倉になりました。永承6年（一〇五一）には相模守に任じられ、頼義は康平6年（一〇六三）に鎌倉に石清水八幡宮を建立します。八幡宮は永保元年（一〇八一）に八幡太郎義家がこれを修復し、頼朝が鎌倉に入って現在の鶴岡八幡宮を創建しました。

頼朝が鎌倉に幕府を開いて、糟屋荘を相続した時、染谷時忠の子の良

（写真18）四ノ宮前鳥神社
初代の相模国府が在った

弁が開山した雨降山大山寺を祈願寺にし、寺領を寄進したのは、源氏と染谷氏との関係からと考えられます。その後の足利幕府や徳川幕府も大山寺を祈願寺にしたのでした。

## 大宝律令による相模国府の変遷

大化の改新以後、国つくりを天皇が中心になって行う大宝律令が大宝元年（七〇一）に制定されました。令は国民のあり方を示し、律は違反した時の罰則規定を文章で定めたものです。この律令制定によって中国と肩を並べる律令国家を目指したのでした。

和銅3年（七一〇）には平城京が造営され、奈良時代が幕を開けます。中央集権国家の確立のため、地方の統治のため、国、郡、里が置かれ、国は国府、郡は郡家（郡衙）を拠点にした支配体制が固められました。

相模国は大化の改新後、律令によって誕生しました。相模川の東側の漆部系壬生氏が国造の相武《さがむ》国と西側の中村氏が国造の師長国（磯長《しなが》国）の二国が併合されたのです。

(写真19）三ノ宮比比多神社
2代目相模国府で冠大明神

最初の相模国の国府は相武国大住郡である四ノ宮神社前鳥神社（平塚市）（写真18）にありましたが、地震と相模川の度重なる氾濫で、元慶元年（八七七）頃から治承元年（一一七七）までの３００年間は同じ大住郡の三ノ宮比比多神社（写真19）の近傍に国府が置かれました。三ノ宮神社が相模総社と言われている由縁です。

最初の四ノ宮国府の所在地と三ノ宮国府は同族の漆部《ぬりべ》氏（壬生）が統括していました。そのような関係で国府移転が行われたと考えられます。漆部氏出身の良弁僧正の父親の染谷時忠が三ノ宮神社に祀られています。染谷時忠は神護景雲2年（七六八）に相模宿禰の姓をいただき、相模国国造に任命されています。

治承2年（一一七八）には神振山の礒長国である余綾《よろぎ》郡の国府（大磯町）に移ります。

養老2年（七一八）に8郡の総社として余綾郡に六所神社が置かれました。余綾郡の「よろぎ」の（綾：ぎ）は朝鮮語だそうです。渡来人と関係があったのでしょう。相模国はその後、愛甲郡、三浦郡を併合しました。

## 冠大明神三ノ宮神社と大山

境内に三〇〇〇年前のストーン・サークルの縄文遺跡を持つ三ノ宮神社・比比多周辺は大山の麓にあり、早くから人々が住みつき、多数の部落と住居がありました。三ノ宮比比多神社は延喜式内社相模十三座の一社です。主祭神は国土創造の神である豊斟野神《とよくもぬのみこと》、合祀祭神の中には酒造りの神様（酒解神《さけときのかみ》）もあり、酒造家の間で尊敬されています。

社伝によれば紀元前660年とあるので、古墳時代にはすでに聖地化していたとも考えられるのです。その後、繁栄を築いた三ノ宮地区に2代目相模国府が移転してきたことからもわかります。三ノ宮比比多神社が相模総社として、天武5年（六七六）に始まった相模国の安泰と繁栄を祈った国府祭の座問答儀式を執り行ったこともうなずけます。奈良時代の人々が行きかった箕輪の駅が周辺にありました。

霊峰大山の神聖な農耕神事と扇状地の豊かさが、当時の最高権力者を支えていたといえるでしょう。天長9年（八三二）に淳和天皇が三ノ宮比比多神社に「冠大明神」の神号を贈りました。この頃相模国府であったと考えられます。

（写真20）神揃山国府祭祭場石柱
立柱が各神社の配置関係を表す

## 大山と富士山に関係する国府祭《こうのまち》とはどんな祭

相模国の誕生の際に、相模国一ノ宮をどこにするかを三ノ宮神社の行司により決めたことが国府祭の起源です。座問答の末に一ノ宮を寒川神《さむかわ》社（相武国の一宮）に、二ノ宮を川勾《かわわ》神社（師長国の一宮）にと決まりました。この祭事は天武5年（六七六）に始まったといわれています。

一ノ宮の寒川神社、川勾の二ノ宮神社、比比多の三ノ宮神社、四ノ宮の前鳥《さきとり》神社、平塚八幡宮の5社の神輿が大磯の神揃山《かみそろいやま》に会し座問答の後、六所神社（大磯）に各社の神を納めるお祭りが国府祭です。この伝統は現在でも続いています。

これらの神社は御嶽信仰の倭建命と関係が深く、渡来人や高麗王若光とも関係が深いのです。このお祭りは各神社の神輿《みこし》を大磯の海に入れる奇祭でもあるのです。おそらく祖先の航海の苦労をしのんで神輿である神を海に返す意味も持っているのでしょう。

相模国府の鬼門方向にある神揃山では、毎年5月5日に国府祭が開催

（写真21－１）　五の宮平塚八幡宮
阿夫利神社と関係深い八幡宮

（写真21-2）一ノ宮寒川神社
相武国一ノ宮で相模国の一の宮

されます。斎場は相模の神々が集う場所になっています。そこに置かれた6つの神石（写真20）が大山と富士山とに関係しているといわれています。

6つの石は3つの配置になっており、3石は南北に並んでいます。二ノ宮の川勾神社、平塚八幡神社（写真21－1）、四ノ宮の前鳥神社です。地図上では川勾神社、六所神社、高麗山、平塚八幡神社は一列に配置されています。

真ん中の2石は富士山を向いている、一ノ宮の寒川神社と六所神社です。神社のいわれによれば、いずれの神社でも祭礼の日には神社からダイヤモンド富士が見られるそうです。地図上でも平塚八幡宮と前鳥神社、寒川神社は一列に配置されています。

最後に遠く離れた一石は三ノ宮神社で、六所神社の石の真ん中に空いた穴と石の中心を結ぶと三ノ宮比比多神社から大山を向いています。三ノ宮神社が大山を神と敬う神社の位置になります。

一ノ宮の寒川神社（写真21－2）の位置は、夏至《げし》の日の太陽が鷹取山

（写真22）二ノ宮川勾神社
師長国一ノ宮であった

（写真23）相模総社六所神社
3代目相模国府の総社で国府祭の主祭社

に沈み、冬至《とうじ》の太陽が大山に沈むのを見る、三角形の要の位置にあります。

二ノ宮は大山の真南にありますが、川勾神社（写真22）から大山は見られません。

このように相模の各神社は大山と富士山を神と敬う神社ともいえます。その要が石の真ん中に穴が開いた国府守護神社である六所神社（写真23）をさしているといえます。この地域は渡来系住民が多く住んでいた地域でもあります。これらの神社は延喜式内社相模十三座に数えられています。

# 第三章　平安時代の荘園経営と大山寺

## 奈良仏教（南都仏教界）から新平安仏教界の影響を受けて

《大山寺の関係系譜》

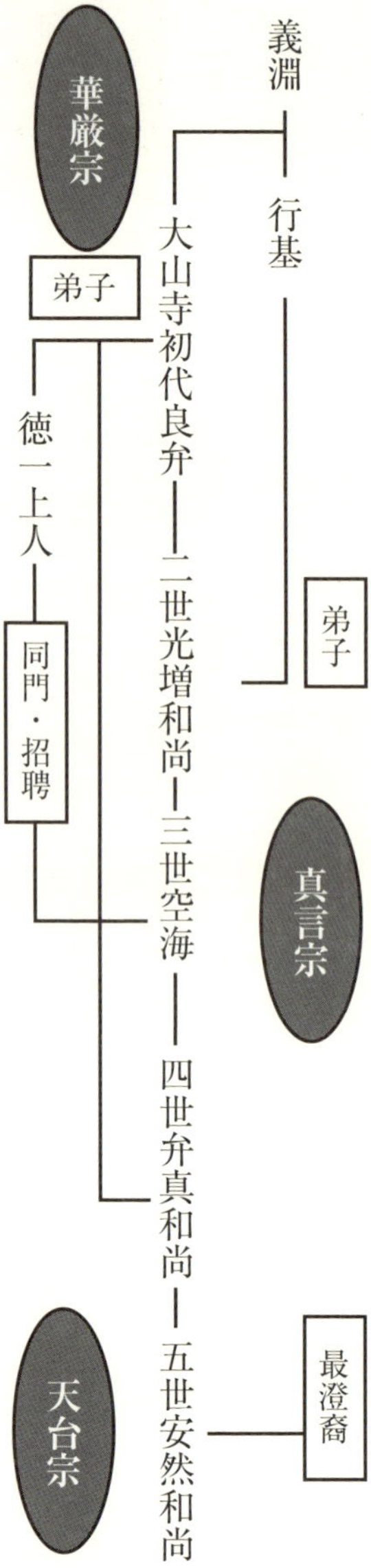


（著者作成）

恒《かん》武《む》天皇（在位七八一～八〇六）は延暦3年（七八四）に、平城京から長岡京に遷都しました。奈良の仏教界の力が大きくなり過ぎたことによるといわれています。聖武天皇と光明皇后の皇女である孝謙天皇が即位しましたが、道鏡などの僧や南都寺院による政治への介入が大きな問題になったのでした。もちろん水銀による汚染問題も考えられるでしょう。

都を遷しましたが、洪水、疫病が続き、10年後の延暦13年（七九四）に、風水により現在の京都に当たる「四神相応の地」である山背国に、また遷都しました。平安京は、遣唐使によって情報をえた、当時の最先端都市である唐の都長安を見倣ったものになります。

桓武天皇は都の鬼門を守るため、唐から帰国した伝教大師最澄の比叡山延暦寺の創建を許しました。延暦24年（八〇五）嵯峨天皇は国家鎮護の祈りを込め、唐から最先端の仏教や先端技術をもたらした弘法大師空海に弘仁7年（八一六）高野山金剛峯寺の開創を認めました。

良弁が開闢した雨降山大山寺も平安京の遷都や都の仏教界の影響を受け、その後の法灯に大きな変化が出てきました。良弁僧正は華厳宗の法統を引き継ぐ人でしたが、宝亀4年（七七三）に入寂しました。その後、最先端の新仏教が大山寺にも押し寄せてきたのでした。

## 良弁後の大山寺の法灯は行基の高弟第二世光増和尚が承継した

「大山寺史」によれば、行基菩薩の高弟である光増和尚は開山良弁僧正が都に帰った天平勝宝7年（七五五）のあとを承継しました。良弁僧正の大山滞在は3年に満たない、わずかな期間と伝えられています。光増和尚は行基菩薩の天平宝字5年（七六一）の遺命にしたがい大山寺二世となりました。良弁の生身を現した木像もいまだ本尊としては充分と考えられなかったようで、自ら大誓願を発して本尊不動明王の木像を彫って安置したそうです。良弁の従者とともに大山全域を開き、山中に諸堂を建立しました。

## 第三世弘法大師空海と大山寺

『大山寺史』によれば、徳一上人の招きで弘法大師（空海）（七七四〜八三五）が第三世となりました。大師は大山に登り、山中に霊場を開き、錫杖を立て水源を開き、一夜にして自身の爪で石像を彫ったという言い伝えがあります。大山寺下に大師の爪彫り地蔵（女坂七不思議の三）があります。また、近くに干ばつでも涸れることのなかった弘法の水（女坂七不思議の一）もあります。大山の麓には弘法大師の伝承地が多数あります。秦野市には弘法山があり、名水百選に選ばれた「弘法の泉」もあります。

空海は中国で密教や仏教に関するいろいろな製法を習得したと思われます。その一つが仏像制作に重要な水銀に関することです。そのために山野を駆け巡ったことでしょう。あるいは、空海の弟子や、関係者が各地を廻ったのかも知れません。

弘法大師が立ち寄った伝承地には水銀に関する地名が多くあります。丹沢もそのひとつです。赤い土である丹砂を有する沢という意味にとれます。伝承では山頂の自然石を本尊に石尊権現と名づけたのはこの頃のこととしています。空海によって雨降山大山寺が真言宗となったのは大師の登山によるといわれています。

空海が真言宗を起こしたのは弘仁元年（八一〇）です。嵯峨天皇に真言宗の宗旨を開く許しを得てのことでした。伊勢原町勢誌には大山寺もこの年に真言宗になったと記されています。しかし、この時期は８０６年に唐から帰国し、都での布教活動や天皇の聴聞をいただいていた時期に当たるので、とても大山に来ることはできなかったでしょう。真言宗に宗旨が変わる何らかの理由があり、徳一菩薩の招きに応じる形で、大山寺三世が弘法大師となったのだと考えられます。

弘法大師空海の大山寺第三世の時期はどのくらいなのかはよくわかりません。真言宗を

(写真134) 徳島県板野郡に建つ別格一番札所佛王山大山寺（たいさんじ）山門
山門から2kmくらい大山中腹に本堂が建つ

(写真135) 源義経が屋島攻略で大山寺に登り、「武運長久」を祈願し、愛馬薄墨を献納した馬の像の堂　堂前に説明板が建つ

起こした弘仁元年（八一〇）から入寂の承和2年（八三五）までの間ではあるのですが。

大山寺には弘法大師堂があり、八十八体の大師木像が納められています。造営は明治40年（一九〇七）です。お参りすると四国八十八か所をお参りしたのと同じ御利益があるといわれています

四国徳島県板野郡の大山《おおやま》（６９１ｍ）の中腹に別格第一番札所佛王山《ぶつおうざん》大山寺《たいさんじ》（写真１３４）があります。空海の阿波入り時に再建されたそうです。源義経の屋島の戦いで、大山寺に祈願（写真１３５）し平家を打ち破ったそうです。寺の呼び名は（おおやまてら）でも良いそうです。相模と阿波の相似する不思議な話です。

## 徳一菩薩とはどういう人

徳一菩薩（天平宝字元年（七五七）～不詳）は藤原氏の子息で、良弁僧正別当の頃東大寺で華厳宗を学び、その後興福寺で法相宗を修めた人といわれています。世俗を嫌い（都から追放された説もある）、東国や

（写真32）大山山頂徳一社
徳一は大山寺第三世弘法大師を大山に招いた人で一緒に登頂した伝承がある

会津などでいくつかのお寺を創建しました。東大寺の頃に晩年の良弁僧正にお会いしたことが考えられます。桓武帝の長岡京遷都（七八四）の時期には、仏教界の刷新をはかっていたようです。空海は延暦13年（八〇四）に東大寺戒壇院《かいだんいん》で得度《とくど》を受けていますので、徳一と同門となり良弁の大山寺開山は東大寺で聞いて知っていたでしょう。

　唐から帰った、最澄、弘法大師空海とは縁が深かったようです。最澄、空海が奈良の仏教界（南都仏教）を批判し、新平安仏教界を造っていく中で、同じように奈良の仏教界を改革しようとしていたようです。空海の書簡では弘仁6年（八一五）に徳一から真言宗への質問状「真言宗未決文」に応えて、弟子の康守を東国に派遣し、また、徳一に経典の写経を依頼しています。そのとき、空海は徳一を菩薩と呼んで敬っているのです。最澄とも論争をしていて、弘仁7年にようやく終止符を打ちました。その意味では空海と考えが近い人のようです。

　徳一菩薩は筑波山や会津磐梯山を開山しました。また、大山の山頂には徳一を祀った徳一社（写真32）があります。伝承では空海の東国巡錫の時に共に大山に登ったといわれていて、修験道と重なる山岳仏教の先駆者でしょう。徳一菩薩は東大寺良弁僧正の元での修行で大山と関係があり、同門の空海との間に親密な関係がありました。

「大山寺縁起」記載の大山寺第三世を弘法大師空海が継承したことに徳一菩薩が関係していると考えて良いでしょう。弘法大師空海は京都在住での就任や弟子の派遣などで徳一菩薩の呼びかけに応えたことも考えられます。空海の東国伝承は徳一菩薩と重なることから、その中のいくつかは徳一や空海の弟子のこととも考えられます。

## 第四世の弁真和尚時の大山寺の危機

大山寺縁起によれば、第四世の弁真和尚は良弁僧正の弟子で、大山寺に住居した最初の僧侶と思われます。第一世良弁から第三世の空海までは、大山には必ずしも寺僧として住まわなかったことを表していますし、法灯の空白の期間もあったことも想像できるのです。弁真和尚の頃は、天災と火山の噴火に悩まされたはずです。貞観6年（八六四）には富士山が噴火したので、火山灰が降り積もったでしょう。元慶3年（八七九）には関東地方の大地震のあとに火災が起き、大山寺のあらゆる物が灰燼に帰したそうです。やむなく、上人たちは山を下り、元慶5年（八八一）、易往寺地蔵堂に大山寺を移しました。弁真和尚がいつから大山に住みついたかは不明です。良弁の弟子ということで、はやくから僧として従事したことも考えられます。

子安の大日堂（現在は廃寺）は良弁が乳母のために造立したといわれています。江戸時代には宗派が真言宗から浄土宗に変わりました。子安の地名は易王寺から子易に変わりました。

## 第五世安然和尚が大山寺を再建した

第5世の安然和尚は天台宗開祖の伝教大師最澄の系属といわれています。比叡山で修行ののち、著述をすることで天台宗を学んでいきました。経典を易しい言葉に直したといわれています。陽成天皇5年に勅をうけて、元慶寺の座主となり、伝法阿闍梨《あじゃり》に任じられました。

職を辞して東遊し、元慶8年（八八四）に大山寺に登りました。大山寺の荒廃している姿を見て、再興の念を起こしたそうです。良弁僧正を抱き、良弁杉からおろした猿を山王の使いと敬い、大山寺境内に山王社を創建しました。また、高部屋村に山王社を造り、現在でも山王原という地名が残りました。安然和尚の時の寛平2年（八九〇）に、東大寺建立の工匠で良弁に随行した明王太郎文観の子孫である第五代手中明王太郎が、大山の山頂に大山阿夫利神社を再建しています。

安然和尚の再建により、大山寺は良弁僧正による華厳宗、弘法大師空海による真言宗、安然和尚による天台宗と三宗兼学の山となりました。このように、平安時代の新仏教の影響をいち早く具現化して、大山寺は変わっていきました。安然和尚は五十音の仮名の作成者といわれています。古来より経文の翻訳者が携わったという考えがあるからでしょう。

## 大山三方向の門前町は天平時代にはじまる（地図4）

聖武天皇の勅願で東大寺別当の良弁僧正によって大山寺開山がなされた時、寺院の周辺に宿場町が開かれました。いわゆる門前町です。大山の門前町は最初に行基によって開かれた伊勢原市の日向、次に秦野市の蓑毛、最後に大山の門前町が開かれたことになります。

日向薬師伝説の『役行者本記』によると、文武天皇3年（六九九）伊豆に流された役行者が薬師物の秘法を修めて、有縁の徳を人々に分けあたえるために、3体の仏像を作り開眼供養をしたのちに、空高く放り投げると、ひとつは日向に落ち薬師如来になり、2本目

（写真33）日向雨降山石雲寺は大山寺と同じ山号を持つ

は大山に落ち不動尊になりました。最後の一本は蓑毛に落下して延命地蔵になったそうです。

この3つの門前町は大山寺領でもあり、大山を頂点として、地域発展の互助関係にあったと考えられます。

## 1、東側の日向薬師信仰による門前町の形成

この門前町は日向山の修験道場として日向山霊山寺（日向薬師）（写真P44）と大山と同じ雨降山石雲寺（写真33）の門前町として開かれました。日向の地は大山の東側に当たり、日の当たる地ということで日向《ひなた》といわれたそうです。現在でも大山登山の東側のルートに当たり、日向から見晴らし台を通り、阿夫利神社下社に至り、また、直登すれば山頂に至ります。

日向薬師は明治時代の廃仏毀釈以前は日向山霊山寺と称し、江戸時代には子院13坊を擁する大寺院でした。明治以降多くの堂舎が失われ、現在は別当坊だった宝城坊が寺籍をついでいます。

（写真34）伝大友皇子墓
大友皇子供養のための石塔

中世以降は日向薬師として薬師三尊のもと薬師如来信仰の霊場として信仰を集め、日本三大薬師として繁栄しました。また、相模原の峰の薬師、高尾山薬王院、新井薬師と並び「武相四大薬師」として信仰を集め、一時は勅願寺となりました。

雨降山石雲寺は養老2年（七一八）に、華厳妙瑞法師が大友皇子の菩提（写真34）をとむらうために日向に創建したそうです。いずれも大山寺より古い開創となり、日向が早くから開けたことがわかります。

## 2、西側の蓑毛地蔵堂による門前町の形成

蓑毛（秦野市）は大山と三の塔を水源にする金目川沿いにあり、西の坂本町といわれています。秦野市では、丹沢山系の主峰のひとつ塔ケ岳・尊仏山（１４９１ｍ）から発する戸川が、金目川に合流しています。この地域は蓑毛や田原が扇状地をなし、早くから開け、渡来人やその後の関東武士がすみついた富裕地域でした。

奈良時代に大山寺が創建されると、奈良、京都からもお山を目指し、

（写真35）簑毛大日堂
蓑毛に地蔵堂との言い伝えが残る

波多野（幡多）から蓑毛という道筋が栄えたと思われます。良弁の大山寺開山に当たり、寺侍として随行した3人のうち、千代満坊、大満坊を蓑毛の坂本に置き、門前町を開かせました。西の大山門前町がいかに重要であったか、このことからもよくわかります。江戸時代には17軒の御師の宿坊があったそうです。現在でも2軒の宿坊が保存されています。

大山登山口にある大日堂（写真35）は天平14年（七四二）、聖武天皇の勅願寺として造営されました。本尊は金剛界五智如来で平安後期の作といわれています。不動堂には江戸時代に創られた不動明王が祀られています。7世紀に渡来した秦氏（秦野の語源）が守護仏である不動明王を祀ったのが始まりだそうです。不動堂の後ろに茶湯殿があり、地蔵菩薩を祀っています。

大山から富士道を通り、蓑毛に降りたことで富士山参詣や大雄山参詣に向かう人、また反対に富士山や小田原方面から大山に来る人でたいへんにぎわいました。東海道や足柄峠を越えてくる人は蓑毛から大山に登って行きました。現在でも大山街道として残っています。

（写真36）良弁僧正随行の神家侍
二階堂若満坊の名が見える

## 3、大山の不動明王さんによる門前町の形成

大山の宿場の形成は、古代からの信仰の山としての大山と、大山寺開山後の宿場の形成とで大きく変わったように考えられます。古代には海辺の民の信仰の山として、一定の時期に山頂に登り、貝や魚などを供えたようです。大山縁起では開山に当たって、とても人の住む場所ではないように記されています。修験者のような特殊な人たちの山だったのでしょう。

大山門前町形成のため、神家侍の若満坊を大山に住まわせたことは知られています。

同行した宮大工の手塚明王太郎は大山寺創建後も大山にすみ、その子孫も代々大山寺造営にたずさわりました。若満坊は二階堂家（写真36）として昭和50年代まで大山で先導師を営んでいました。

3つの門前町の形成過程から考えると、奈良時代、平安時代は日向、蓑毛、大山の順に門前町が形成され、鎌倉時代あたりから、その位置関

（写真39）鳥羽離宮安楽寿院
糟谷荘は安楽寿院の所領

（写真38）糟屋荘高部屋神社
相模13座の1社で糟谷氏居城

係によって、大山門前町が中心になっていったと考えられます。江戸時代には大山街道が伊勢原や石倉に集まることで、大山門前町が繁栄しました。

## 鳥羽院の糟屋荘の変遷と大山

奈良時代の創建時に聖武天皇から相模、安房、上総の3国を拝領しましたが、その後大山寺は荒廃し、寺領も離散しました。平安時代から鎌倉時代にかけて、大山は荘園糟屋荘に組み込まれ、鳥羽天皇が創建した京都鳥羽離宮の安楽寿院《あんらくじゅいん》（写真39）領となりました。

安楽寿院古文書では、久寿元甲戌《きゅうじゅがんねんきのえいぬ》（一一五四年）に鳥羽法皇と皇后美《び》福門院《ふくもんいん》（藤原得子《なりこ》）に分領され、二人の娘で女帝候補にあがった皇女の八条院に伝領されたとあります。その荘園の糟屋荘の荘主が糟谷氏で、藤原冬嗣7世の孫盛季に始まります。糟谷氏の居城は下粕屋（伊勢原市）の丸山城（東海大学伊勢原病院近傍）で、高部屋神社周辺（伊勢原市成瀬地区）（写真38）となります。高部屋神社は延喜式内社相模十三座の一社です。

関東を見ると、大山を中心とした農業生産地の相模の位置は、皇室の直轄地になるほど重要なのでした。特に美福門院（近衛天皇の母）の荘園であったのには驚きを感じます。美福門院の台頭は、平安時代における天皇継承の政治問題と保元・平治の乱に続きました。その後の後白河法皇と平清盛の確執へと続く政治的混乱の元をなすものでした。同時に、美福門院は武士の台頭のきっかけをつくった人ともいえるのです。

糟屋荘は八条院から娘の三条宮に引き継がれますが、三条宮が嫁いだのが、以仁王《もちひとおう》です。天皇になるはずの人と思われましたが、平家の画策によって天皇になることができず、状況打開のために平家打倒の令旨《りょうじ》を出しました。糟屋荘、川勾荘と波多野荘の八条院荘園の蔵人が源行家《ゆきいえ》でした。

このような関係から行家は以仁王の令旨を糟屋荘はじめ、全国に届けました。平家を滅ぼして源氏の世となり、鎌倉幕府を開いた源頼朝が糟屋荘を引き継ぎ、大山と新たな関係を創ります。その後、北条得宗家に引き継がれました。大山寺と糟屋荘は頼朝の後も、その慣例を引き継いでいきました。

大山の麓の糟屋荘、川勾荘は美福門院から八条院の所領になりました。波多野荘は藤原道長から冷泉院《れいぜいいん》にわたり、近衛家に引き継がれました。波多野の田原、蓑毛は大山寺の寺領でした。

北条家の没落で足利尊氏が幕府を開きます。その時点で糟屋荘は尊氏の所領となりました。戦国時代には北条家が奪って支配しますが、徳川家康が幕府を開くと、一部は大山寺に、一部は小田原藩に帰属しました。その都度、糟屋荘と大山との関係は変遷していきました。大山と糟屋荘の関係は時の政権の変遷で、時代と共に変わっていきました。

江戸幕府崩壊後に京都から多くの公家が東京にきて、旧所領から女中などの下働きを召し出したと思われます。幕府側の江戸の女性を下働きに召し出すことは当時としては危険を伴うことだったのでしょう。旧所領である大山や秦野の町から明治初期の公家のもとに下働きに出る人が多くいたのでしょう。

昭和中期には大山寺の草薙《くさなぎ》和尚が京都の真言宗大覚寺派本山の門跡寺大覚寺の門跡になったのも無縁ではないでしょう。草薙門跡は霊名殿を関東から大覚寺に移築したことで知られています。その後、昭和を通じ大山町には大覚寺講があり、毎年大覚寺に作務に行っていました。

## 八条院から三条宮と以仁王に続く糟屋荘

糟屋荘と「以仁王《もちひとおう》の令旨《りょうじ》」で有名な以仁王（仁和元年〔一一五一〕～治承4年〔一一八〇〕6月20日）の間には、三条宮の関係がありました。荘園から見ると鳥羽上皇から美福門院に引き継がれ、美福門院から娘の八条院へ、さらに以仁王の室となった三条宮へと続く、糟屋荘と大山寺の変遷がありました。大山寺の支援者が変わっていったのでした。

美福門院の猶子（養子）である、後白河天皇（77代）の第3皇子（兄の守覚法親王《しゅかくほっしんのう》が仏門に入り第2皇子とも言われる）の以仁王（高倉宮、三条宮）は、親王宣下もありませんでしたが、八条院暲子《あきこ》（美福門院の二女）の猶子となり、莫大な荘園を継承することになりました。

美福門院の養子であった長兄二条天皇（78代）、甥の六条天皇（79代、二条天皇の息子）、異母弟高倉天皇（80代）、安徳天皇（81代、高倉天皇の息子）が天皇を継承していく中で、以仁王は幼少から英才の誉れ高く、皇位継承の有力候補として毎回上がりながら、平清盛、滋子の妨害によって王のまま過ごしていたのでした。

三条宮の夫の以仁王の後室は4名のうち八条院の娘から2名（三条の宮など）が配偶者

になっています。特に美福門院の養子の二条天皇が崩御し、2歳（7か月）の六条天皇が誕生しましたが、5歳（満3年3か月）の時に廃位になりました。

後白河法皇は、関係が密接だった清盛の室時子の姉の滋子《しげこ》の子である、異母弟高倉天皇を仁安3年（一一六八）に80代天皇に据えました。皇位簒奪《こういさんだつ》と言われる事件が起きたのでした。

二条天皇の皇后は美福門院の三女の妹子内親王で、中宮は息子の近衛天皇（76代）の皇后であった藤原多子《ふじわらのまさるこ》（待賢門院系で対立）でした。天皇の皇后が後に中宮になった人はその後誰もいません。藤原多子は平氏との対立もあり以仁王を近衛河原の私邸でひそかに元服させました。これは自分の息子の六条天皇を守ってもらい、本来の皇位継承権を以仁王に持たせるためだったと思われます。

清盛は娘徳子を高倉天皇に入内させ、その子の安徳を天皇にしました。高倉天皇から幼い安徳天皇への継承は、清盛の力が後白河法皇の力を上回り、皇位決定権が移ったことを示します。この頃から平氏の力が増し、「平氏にあらずんば　人に非ず」という事態が生まれます。

皇位決定権が清盛に移ったことで、以仁王の皇位継承権は失われました。さらに、清盛によって、近衛領の召し上げ問題が起き、八条院の莫大な荘園の一部が清盛の所領となりました。糟屋荘も一時的に平氏の所領となり、大山寺も清盛の戦力に移ったようで、石橋山では源氏の糟谷氏、波多野氏が平氏にくみしました。大山の僧兵も平氏として石橋山で戦ったのでした。

## 以仁王の平家追討の令旨

治承3年（一一七九）11月に清盛はクーデターを起こし、後白河法皇を鳥羽殿に幽閉しました。治承4年（一一八〇）2月高倉天皇は安徳天皇に譲位し、以仁王はその2か月後の4月9日に源頼政と謀って「景勝親王《よしかつしんのう》」と称して、全国の源氏と大寺院に平家追討の令旨を下しました。

これは皇位をだまし取った平氏を討って、自ら皇位につくことを宣言したものといわれています。平氏の横暴や所領召し上げ、源氏の不満などを名目にした平家追悼の旗揚げに八条院系が深くかかわっていたことになります。しかし、5月には平氏追討は失敗に終わります。令旨を全国に届けた、源行家は源為義の10男で頼朝の叔父にあたり、新宮十郎と称していました。行家は八条院の蔵人でしたので糟屋荘にも来ていたのでした。

当初平清盛にくみした荘司の糟谷藤太有季は、鎌倉の頼朝の招聘を受け、本来の源氏として範頼、義経の平家討伐に従い、源氏の有力御家人となります。大山寺も僧兵ともども、清盛から頼朝の庇護を受けることになりました。

# 第四章　鎌倉幕府が成立し大山寺が祈願寺となる

## 頼朝と義経の育ちの違いが軋轢《あつれき》を生んだ

義経、行家の反乱は、義経が頼朝に疎まれた腰越状《こしごえじょう》の後の反乱として有名です。しかし義経に、源氏を代表する頭領《とうりょう》に成る気がなかったと言えばうそになるでしょう。もともと頼朝と義経の関係は、生い立ちもその後の立場も違うからです。

頼朝《よりとも》は源義朝《みなもとよしとも》の三男でした。義経は九男です。三浦の三浦氏の娘が生んだ長男の悪源太《あくげんた》義平《よしひら》は武勇で有名でしたが、母の地位が低く無冠でした。秦野の波多野氏の娘の子、義朝の二男朝長《ともなが》は早くから任官し、後継者の一人といわれていましたが、逃走中に足に怪我を負い義朝に介錯《かいしゃく》されました。足柄郡松田郷には源朝長の松田御亭がありました。

頼朝は久安3年（一一四七）生まれで、母は熱田神宮藤原季範《すえのり》の娘でした。その後義朝の正室になったので、頼朝は任官が早く後継者候補となりました。しかし、保元の乱前に母が死に、九条天皇の中宮九条院の雑仕女《ぞうしめ》で絶世の美女と言われた常盤御前《ときわごぜん》が義朝の正室になります。そして、3人の男子を生みました。当時の慣習から常盤の子供が正嫡となります。義経は平治の乱の平治元年（一一五九）生まれで、常盤の三番目の子です。義朝としては九男が義経（九郎判官《くろうほうがん》）なのです。

平治の乱（一一五九）に敗れて父義朝は死にましたが、頼朝は命を助けられ、伊豆国の蛭が小島に流されました。20年に及ぶ孤独な田舎生活には、情報をもたらす乳母の比企氏《ひきうじ》が唯一の頼りだったでしょう。当時の慣習で有力な地侍の娘を手に入れようとしましたが、相手にされないか、失敗します。ほとんど世にでるチャンスがないなかで、北条政子の求婚はこの上ない幸運でした。北条氏という情報源を得たことは大きかったのです。

一方の義経は常盤御前と清盛との関係で、幼少期は六波羅の屋敷で暮らします。常盤御前が一条長成に嫁いだため義経は鞍馬山に預けられました。その後の盟友となる異父弟一条能成が生まれました。また、清盛と常盤との異父妹などの関係から、京都で公家のような生活を送ったと考えられます。

その後、奥州藤原氏に迎え入れられたのは、貴種としてでした。義家以来の源氏とゆかりのある奥州で、源氏の旗頭として、天下を狙おうとしたのでしょう。しかし、以仁王の令旨が早く出てしまったのと、奥州が遠かったことが誤算であったと考えられます。いち早く、頼朝が源氏の旗頭として挙兵してしまったので、あわてて奥州から関東に向かいました。義経は富士川で頼朝に会う前に、秦野の波多野氏に会って情報収集をしています。行家が蔵人の三条宮の所領である糟屋荘にも当然、立ち寄ったことでしょう。大山寺に祈願したことも考えられます。その後、屋島の戦いでは阿波大山寺《あわたいさんじ》で祈願したようにです。大山衆徒は一の谷、屋島と義経にしたがい転戦していきました。

## 頼朝には義経、行家は脅威だった

兄弟の仲違いは後白河法皇から平家追討の功で、義経が元暦元年（一一八四）に検非違使左衛門尉任官を受けたことから始まりますが、朝廷側は頼朝に対抗する貴族代表として義経に期待したのでしょう。後白河法皇は義経を従五位に任じ昇殿を許します。清盛のような立場を約束していたと考えられます。頼朝の妻は韮山の小領主の娘政子ですが、義経の妻は静御前のような華やかな人でした。

義経は平家残党の「三日の乱」には参戦を外されました。これは法皇や貴族の京都治安維持の要請でやむなく頼朝が決断したのでしょう。また、義経は貴族の荘園から兵糧米を召し上げるのを禁止します。これも貴族の要請に従いましたが、頼朝の承諾がないままでした。その後、後白河法皇から九国地頭（四国、九州）の任官を受けます。奥州まで従った異父弟の一条能成の存在や都で育った義経としては、任官を受けることは当然のことだったのでしょう。

文治元年（一一八五）行家の挙兵に合わせて、後白河法皇から頼朝追討の院宣を受けましたが、参加する武士は少なかったのでした。行家は和泉国で斬首されました。義経は四国に向かいましたが、嵐のため渡航に失敗しました。その後、義経は奥州に逃れました。頼朝に対抗する勢力にはなりえなかったのです。義経主従は文治5年（一一八九）に衣川の館で藤原泰衡に攻められ討ち死にしました。頼朝の奥州平定では大山衆徒も糟谷氏とともに従軍しました。

## 源頼朝は守護・地頭制度の確立により荘園制度を変えた

頼朝は義経の逃走中に、全国に捕縛を目的として、守護と地頭の制度を確立したのでした。頼朝が政治・経済の改革をするうえで、義経の全国逃亡は絶好の機会でした。文治元年（一一八五）、守護と地頭の設置の勅許をいただきました。これで、公家社会による荘園制度が崩壊し、武家による一所支配が確立したのでした。

はじめ義経側の大山寺がひるがえって頼朝側に付き、鎌倉幕府の開府に貢献したことで、糟谷氏と大山寺は頼朝の支配下に入ります。頼朝はその功をたたえて元暦元年（一一八四）に大山寺に寺領を寄進しました。おそらく、八条院領の糟谷氏の所領を頼朝が引き継ぎ、大山寺に一部を寄進したものと思われます。これから頼朝の深い大山信仰が始まります。

守護・地頭制度の実施はまるで頼朝と、逃走する義経の共同作業のような形で行われました。逃走地域に重点が置かれたことは想像されます。関東より、関西に多くの関東武士が派遣され守護や地頭に任官しました。

秦野市の波多野氏は丹波篠山の八上城《やがみじょう》で戦国城主になりましたが、明智光秀に滅ばされました。波多野氏の娘婿の大友氏は豊後にいき大友宗麟《そうりん》の祖となりました。厚木市の南毛利の大江氏の子孫は、中国地方高田で毛利氏の祖となり、毛利元就《もとなり》が安芸国の戦国大名となりました。

頼朝と丹後の局との子といわれる惟宗《これむね》氏が薩摩に派遣され島津氏の祖になりました。丹後の局は北条政子の恨みの責めをかわすため、愛甲三郎にかくまわれ、厚木の小野の里で余生を送ったといわれています。小野小町の小町神社に伝承があります。

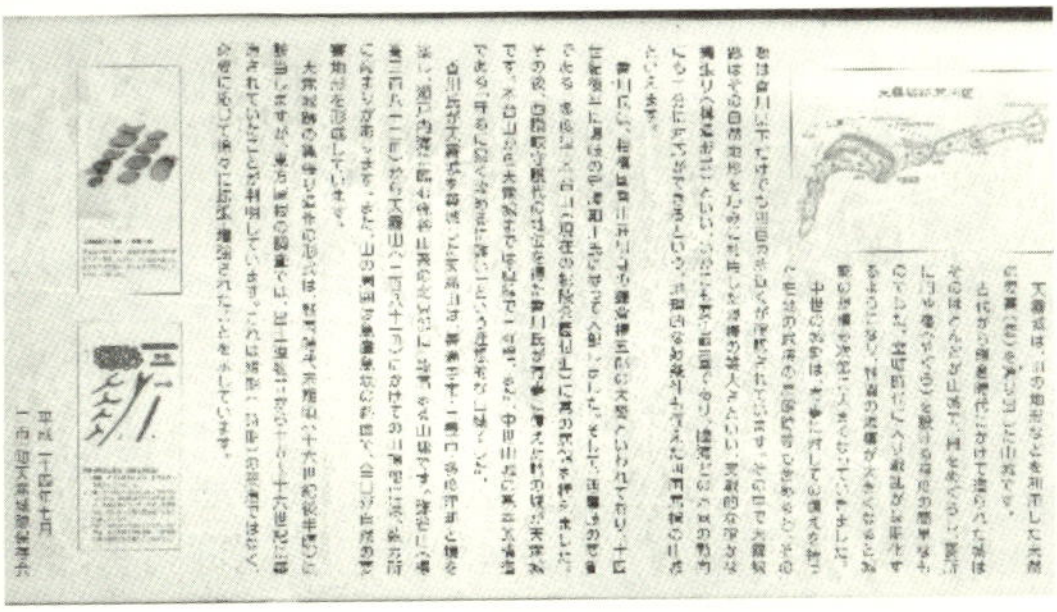

（写真136）四国八十八か所71番札所弥谷寺の登り口に立つ讃岐香川氏の天霧城跡の説明板。鎌倉権五郎の子孫で相模香川から来たことが説明されている

伊佐常陸介時長は伊達領に移され伊達氏となりました。

鎌倉権五郎の子孫である相模香川氏（茅ヶ崎市香川）が承久の乱（一二二一）で讃岐細川家の守護代讃岐香川氏として香川郡（香川県の名のもと）（写真136）多度津を領しました。このように多く関東武士が西国《さいごく》の地頭に任じられたのは義経追討のためと考えられるのです。

## 源頼朝は幕府を開き大山寺を祈願寺とする

源頼朝は義経と行家の謀反を利用して、平安時代中期以降続いた荘園経営を一新し、守護と地頭経営を成し遂げました。歴史上で最大の経営改革者の源頼朝は、大山寺に対し元暦元年（一一八四）「下知状《げちじょう》」なるものを出しました。鳥羽上皇安楽寿院領糟屋荘を引き続き安堵することで、高部屋郷を寄進し、鎌倉幕府の祈願寺としました。

後鳥羽天皇時の建久3年（一一九二）の頼朝の征夷大将軍就任に大山寺が貢献したのでしょう。当時の慣例で、鳥羽朝廷への権威づけにはお寺の貢献が必要なことでした。その下知状に「先任例可引募之由」とあり、大山寺に対しての三条宮の支援を頼朝が引き継いだと解釈されます。その後は大山寺が頼朝の庇護のもとに発展していきます。この大山寺への祈願寺「下知状《げちじょう》」発令が、この後の源氏の征夷大将軍と幕府開府へとつながったようです。

これで、荘園から脱し、大山寺として寺領を持って一山の経営に当たることとなりました。頼朝は幕府経営のもと、源氏縁故の寺院の庇護に廻ったことでしょう。ちょうど京都の比叡山のような感覚で幕府護摩、神護を祈ったと考えられます。栄西の創建による鎌倉五山は一一八八年から一二八二年に創建されています。それでも、頼朝の最大の庇護寺院は大山寺であったと言えます。

## 鎌倉幕府への兵と食糧の貢献

大山寺は文治元年（一一八五）など、頼朝への貢献が大きかったのです。当時の寺領から相当の兵糧米を供出しています。また、当時の人口は、大山千軒ともいわれる人の多さでした。おそらく鎌倉はまだ発展していず、大山の千軒というのは相当な人口と考えられます。そして、山中１０８坊ありと言われるように、相当の僧兵が在住していたと考えられます。当時の武士は織田信長が出るまで、半農武士ですから、その点では僧兵は専任の戦闘員と言えます。心強い戦力を得たのです。

当時の大山寺周辺は西に蓑毛の茶湯寺、大日堂。東に大友皇子（弘文天皇）を祀った雨降山石雲寺、日向山霊山寺（日向薬師）、南に三宮冠大明神（三ノ宮神社）など多くの寺社を中心にした大勢力を持っていました。また、相模川流域は寒川神社など多くの社寺があり、近くには国分寺もありました。

頼朝は「武運長久」を祈願し、大山寺に「納太刀」をしました。頼朝と大山との関係はその後の幕府に引き継がれました。この「納太刀」は慣習化し、武家はもとより民衆まで広がるブームになり、江戸時代には浮世絵に描かれるほど盛んになりました。

## 吾妻鏡に見る鎌倉幕府と大山寺の関係

吾妻鏡に記載されている、大山とその周辺の出来事について、年表に従い見ていきます。頼朝とその妻政子と大山周辺社寺との関係が見えてきます。

寿永2年（一一八三）10月に後白河法皇は宣旨で頼朝に東国沙汰権を与えました。これにより、頼朝の権威が確立します。自ら、領土安堵を約束し、荘園制度《しょうえんせいど》から一所懸命《いっしょけんめい》の鎌倉武士の時代が始まりました。

頼朝は寿永3年（一一八四）に大山寺に田畑を寄進しますが、幡野（秦野）と日向が含まれています。政子が実朝の出産の折は大山寺と日向薬師、三ノ宮神社に神馬を奉納しています。

元暦元年（一一八四）大山に下知状を発し、大山寺に高部屋郷を寄進しました。その後の幕府もこれにならい、足利尊氏が糟屋庄を相続し、徳川家康が北条家から奪いました。

文治元年（一一八五）鎌倉幕府設立により大山寺は鎌倉幕府の祈願寺となります。染谷時忠の建立した甘縄神社と源義家の生誕祈願神社の関係を重視し、良弁僧正開山の大山寺を庇護したと考えられます。源氏政権も足利幕府も徳川幕府もこれにならい祈願寺にしたのでした。

建久3年（一一九二）5月8日、後白河法皇四十九日の法事を鎌倉南御堂で行い、大山寺僧三名が参加する記載があります。同年8月9日、夫人政子の安産祈願のため、相模国の主な社寺に神馬を奉献しました。大山寺に対しても神馬を奉納し、経を読誦《どくじゅ》させています。生まれた子が実朝でした。

建久4年（一一九三）3月4日、後白河法皇一周忌の追善千僧供養を鎌倉で行いましたが、大山寺僧も参加しています。この頃は毎年のように大山僧が鎌倉に招かれて、法要を

（写真41）宗我神社
曾我氏の鎮守

行っています。

## 曾我兄弟の仇討ちはどうしてか

富士の巻狩りでの、日本最初の仇討ちで有名な曾我兄弟は、大山寺と関係がありました。建久4年（一一九三）5月28日、源頼朝が富士の裾野で巻狩りを行った夜に、曾我兄弟の仇討ちが起きました。曾我《そが》十郎祐《じゅうろうすけ》成《なり》と曾我《そが》五郎時致《ごろうときむね》の兄弟が、父親の仇であった工藤祐経《くどうすけつね》を討ったのでした。この仇討ちは所領争いから発生していると言われています。

工藤祐経は叔父である伊東祐親と伊豆国の久須美荘（宇佐美・伊東・河津地域）の支配権をめぐって争っていました。安元2年（一一七六）、工藤祐経が叔父である伊東祐親を従者2人に待ち伏せさせ襲わせましたが、一緒にいた祐親の嫡男・河津祐泰《かわずすけやす》に矢が当たり死亡したのでした。その時、伊東祐親は捕らえられ自害しています。

河津祐泰の妻の満江御前《みつえごぜん》とその子の一満と箱王丸が残されました。満江御前は曾我の里（写真41）（小田原市谷津）の曾我祐信《そがすけのぶ》と再婚し曾我

（写真42）伝曾我祐信の墓
曾我兄弟の義理の父親

姓になりました。その後、平家方についた伊東家は治承・寿永の乱後没落していきます。

工藤祐経は頼朝に早くから従ったため、御家人となり、頼朝の寵臣となっていました。祐親の孫である兄弟は厳しい生活の中で成長しました。兄は元服して曾我家の家督を継ぎ、曾我十郎祐成と名乗りました。弟は父の菩提を弔うために、箱根権現（箱根神社）に稚児《ちご》として預けられました。兄弟にとって曾我祐信（写真42）は父親の従弟になるのです。

文治3年（一一八七）、頼朝が箱根権現に参拝した際に、箱王丸は従者の工藤祐経を見つけ、復讐をしようとしましたが、逆に諭されてしまい、「赤木柄短刀《あかきづかのたんとう》」を与えられました。この事件後、箱王丸は箱根を逃げ出し、縁者である北条時政を頼りました。

北条時政の烏帽子親《えぼしおや》で元服をした箱王丸は、曾我五郎時致と名乗りました。時政は兄弟の叔父にあたり、伊東祐親の娘が時政の前妻であったのでした。北条時政はその後兄弟にとって最大の庇護者となり、兄弟は武者修行に励んだのでした。

（写真43）大山前不動
曾我十郎が仇討ち願文を捧げた

# 十郎は大山寺に仇討ち祈願の願文を捧げる

治承2年（一一七八）曾我十郎、五郎兄弟は大山不動尊（写真43）に父の仇討ちの願文を捧げました。このことから、曾我姓になってすぐ大山、湘南平に出入りをしていたと考えられます。五郎は血気盛んなため、曾我氏として後顧の憂えをなくすため、箱根権現に預けたのだと思われます。

曾我十郎祐成は9歳の時、父の仇を討たせてくださいと、大山不動に願文を捧げ、不動明王の力を借りるために毎月参詣をしようとしましたが、幼いためにできませんでした。そこで、不動明王の本尊の模造像を作り、小さな庵を建て大山と称して、日々この像に参詣しました。以下願文を記します。

「ふとうめい王様え申上候、われわれきょうだいハ、ちちにわはなれ母はかりたのみ、をもしりきこともなく、けうだいづれにてほかえまいり候へば、むかいやしきの平どのにせびれかされ、うばやしたじたまでもをなじやうにせびらかし候ゆへ、うちえかえりははさまにつげ候えば、いろいろとしかられ、せっかんにあい申候ままかなしくそとへも出申さず、はこ王（註：五郎）とふたり内に入り申し、ただちにのことばかりおもひ、もことのとさまのなきゆえに、よそものにもわれわれ申し候、ははさまをだじにせいとおんおしえ候まもり本ぞんにて候えば、そうねがいたい、すけつねをころし申したく候」一まん（註：十郎の幼名）

幼い十郎はこのような願文を治承2年（一一七八）に不動明王に捧げて、仇討ちに備えていったことがわかります。仇討ち成就は建久4年（一一九三）で、15年後になります。

富士の裾野での盛大な巻狩りで、工藤祐経の寝所に討ち入り、酒に酔った祐経を起こし、討ち果たしました。騒ぎの中で、兄弟は10人を討ち取りましたが、兄十郎は時政の家郎の仁田忠常に討たれました。五郎は頼朝の館に押し入ったところ、女装した五郎丸に取り押さえられたそうです。

五郎は頼朝の前で仇討ちに至った心底を述べ、頼朝は助命も考えましたが、祐経の遺児に請われ斬首《ざんしゅ》を申し渡しました。兄弟は頼朝を狙っていたとも考えられます。この事件は頼朝の弟の源範頼を巻き込んで、範頼は謀反の疑いで修禅寺に幽閉され、自害させられました。

さらに相模の御家人の大庭景義、岡崎義実が失脚したのでした。さらに、常陸武士団の粛清などが続きました。北条時政は五郎祐致の烏帽子親であるので、事件を利用し反北条連合の粛清を図ったという説もあります。

## 十郎と虎御前の恋物語は江戸の人気に

湘南平（平塚市）は高麗山と泡垂山《あわたらやま》の間の千畳敷と言われた場所です。泡垂山の名前ですが、虎御前の処にいた兄十郎の危急を聞き、曾我の里から駆けつけた弟五郎が近道をしようとして馬でこの山に駆け上がった折に、山頂付近で馬が泡を垂らしたことから付けられたといわれています。

また、その時に前足を踏ん張った場所から泉が湧きだしたとされ、後に十郎が虎女への恋文を書く時、この水で墨をすったことから、「十郎の硯水《すずりみず》」として史跡になっています。

この十郎と平塚の遊女といわれる虎御前との恋愛物語は、昭和の初期まで、ゆかりの場所に茶屋があったほど人気でした。「曾我物語」で江戸の人達を熱狂させたのは、享保元年（一七一六）の2代目市川團十郎による、「江戸助六由縁江戸桜」の（曾我の雨）の歌舞伎でした。十郎の仇討ちと虎御前との恋愛物語が人々の心を打ったのでした。

（写真44）坂本追分の八意思兼社
大山寺女人禁制時の女性参拝所

## 北条政子は大山、日向薬師にお参りする

北条政子と大山との関係で特記しなくてはならないことがあります。当時の風習として、山岳仏教の聖地である大山寺への女性の参詣は許されないことでした。当時の記録では女性は前不動までは参詣が許されていました。男坂と女坂の合流点にあった前不動とは、現在の坂本にある八意思兼社《やごころおもいかねしゃ》（写真44）に当たると考えられます。

そのため北条政子は夫の源頼朝とは違い、当時の薬師観音ブームもあって、日向山霊山寺、通称の日向薬師に多く通い、長く庇護していきました。

日向薬師のことを詠んだ、平安時代の歌人・相模の歌があります。

「さして来し日向の山を頼む身は目もあきらかに見えざらめやわ」

相模は、相模守大江公資《おおえきみより》と結婚し寛仁4年（一〇二〇）に相模に下向し、万寿元年（一〇二四）に帰京しました。この歌はその時に詠まれたものと考えられます。この頃の平安後期には霊場として栄え、病気平癒、特に眼病に霊験ありと信仰を集めていたのがわかります。

吾妻鏡の建久5年（一一九四）8月8日条には、源頼朝の娘大姫（木曾義仲の長男義高と縁組）の病気平癒祈願に政子自ら「日向山」に参詣したとあります。

政子は頼朝の死後3年目の建仁元年（一二〇一）に、大山麓の石倉に石蔵山浄業寺《せきぞうざんじょうぎょうじ》を建立します。落馬により不慮の死をとげた頼朝の供養のためと考えられます。政子は頼朝死後も日向薬師に2度参拝しました。これら吾妻鏡の記載以外にも、相当な回数で参拝が行われたと想像されます。浄業寺の記録はありませんが、大山や日向の帰路に石倉に回り参拝をしたことでしょう。室町時代に浄業寺は太田道灌の連歌の師である心敬《しんけい》僧都が住まいしました。

## 波多野荘司波多野氏と源氏の関係

波多野荘《はたのしょう》は貴族の荘園でした。河内源氏初代の源頼信の子、源頼義に前九年の役で奥州討伐にしたがった、藤原氏の俵藤太秀郷《たわらのとうたひでさと》の子孫と言われる佐伯経範《さえきつねのり》が波多野氏の先祖になります。このとき、波多野所領は永承6年（一〇五一）に頼義から三条天皇孫娘の冷泉宮に贈られたと考えられます。

後三年の役では源義家に従い波多野氏は武勲を挙げています。平治の乱には頼朝の父の義朝に従って平重盛を追い回したことがよく知られています。波多野荘は平治の乱後の源氏没落で冷泉宮儇子《れいぜいのみやけんし》から養子である摂関家近衛家の所領になりました。近衛領を波多野氏は荘司として波多野荘を管理したと考えられます。

源義朝が源氏復興のため関東に来た時に家令的重臣であった波多野氏の義妹をめとり、その子が源朝長《みなもとのともなが》となります。頼朝には2人の兄がいますが、義朝は三浦氏の娘をめとり、長男の悪源太義平が生まれ、波多野氏の娘から朝長が生まれます。

朝長の秦野の館はたいへん壮大です。頼朝が幕府を開く時、候補地として波多野荘を頭に置いたのではないでしょうか。鎌倉と比べ西は箱根、東に相模川、南に相模湾、北に大山という立地は実に壮大で、京都に匹敵します。

治承4年（一一八〇）10月17日に波多野氏の当主は平家側として頼朝に反したため、松田御亭にて自害しました。翌日、頼朝は中村氏に松田亭の修復を命じました。10月25日頼朝は松田御亭（中井町大屋敷）に入りました。その後、鎌倉に入り、鎌倉幕府を開きました。

波多野氏は廃絶になるところを、頼朝が波多野氏の身内を見出し後継者にします。波多

（写真45）大山寺寺領の波多野荘
富士見台から雲に隠れる富士山

野氏と源氏は長く家令的関係にありました。兄朝長の母の出生地ということと平治、保元の乱の活躍があるからでしょう。しかも実朝の後見を波多野氏に任せます。しかし、危険を背中に育った慎重な頼朝としては、一時的に平家方についた波多野氏の居城には危険が多く、幕府の拠点にすることができなかったのでしょう。

大山の麓に広がる相模の地は得宗《とくそう》家《け》北条《ほうじょう》氏《し》にとって、好ましくない鎌倉武士団中核の地でもありました。多くは北条に滅ぼされ、他は守護、地頭として全国各地を支配した戦国大名の祖先の地となるのでした。

鎌倉は狭く、義家の八幡社の祠と館があるだけの土地でした。鎌倉への幕府開設は大江広元の進言によっていますが、その後に続く源氏滅亡と北条家の関係が見えてきます。伊豆韮山の小領主の平氏北条家と政子が、北条家あっての源氏にしたのでしょう。大江氏は厚木の南毛利が所領で、子孫は安芸高田に派遣され毛利氏になります。室町時代には波多野荘（写真45）の田原郷、蓑毛郷は大山寺寺領になります。

## 三代将軍源実朝の暗殺と大山の衰退

鎌倉幕府三代目将軍の源実朝は「金槐和歌集《きんかいわかしゅう》」の作者ですが、大山についても和歌を詠んでいます。

「時により　すぐれば民のなげきなり　八代龍王　雨やめたまえ」

これは大山の倶利伽羅龍王《くりからりゅうおう》に捧げられたものと言われています。大山の神に大雨を止めてもらいたいとの和歌です。

二代目将軍頼家は比企氏の女性が生んだ関係で、埼玉県比企郡と縁が深く、大山との関係は記録にありません。実朝は頼朝の側近である波多野氏の女性を妻にしたので大山と縁が深いのです。

建保2年（一二一四）に実朝は丸島郷（平塚市）5町2段を大山寺領として寄進します。頼朝にならい、大山寺を祈願寺としたのでした。吾妻鏡には「大山衆徒」の文字が散見されます。一山の護持に当たった社僧や修験集団は軍事行動にも従ったことがわかります。

実朝は北条義時のかいらいともいわれ、12歳で将軍になり、和歌と蹴鞠《けまり》に才能を発揮しますが、政治には関与しませんでした。さらに、将軍職でありながら宋に渡航すべく、大

（写真46）源実朝の首塚
波多野氏と北条氏との確執の元

船を造らせるなどしました。

二代目頼家の長男公暁《くぎょう》は承久元年（一二一九）に鶴岡八幡宮の銀杏のたもとで、実朝を暗殺します。実朝の首ですが、秦野市の伝承では、公暁が山越えの途中に長尾定景（上杉）に殺され、公暁が落とした首を三浦一族の武常春が拾いだし、秦野の金剛寺に持ってきたといわれます。それが境内に残る、秦野の御首塚（写真46）です。実朝の御首塚は高野山にもあります。鎌倉武士が頭蓋骨を持ってきたので供養したことになっています。

実朝の暗殺により、鎌倉幕府の源氏の血統が途絶え、第4代に源朝長の母の曽孫で九条道家と西園寺《さいおんじ》公経《きんつね》の娘の子である藤原頼経《よりつね》が、承久2年（一二二〇）2歳で鎌倉に迎えられました。北条政子が尼将軍として後見し、元服後に源頼経と名乗り、嘉禄2年（一二二六）に将軍宣下により源氏の第四代になるのでした。

反得宗家、反執権としての争いの中で、寛元2年（一二四四）嫡子の頼嗣（第五代）に譲位させられました。その後も北条氏との争いの中で源氏の血は途絶えました。六代から九代までは皇族に引き継がれました。この間の北条時代が大山の衰退した時代になりました。

北条執権下では大山に関する記録がほとんど無くなりました。これは相模武士団と北条執権との確執によると考えます。実朝以降、北条家との確執で波多野氏は各地に散りました。丹波八上の地頭として西に向かった波多野氏は本拠の八上城が明智光秀に落城させられるまで、室町幕府、戦国時代を生き残りました。そのほか、係累には豊後大野の大友氏、中国の毛利氏と戦った備前松田氏などがあります。また、岡崎義実、糟谷有季など、大山寺に帰依し護持し続けた御家人が滅亡したことにより、大山寺は衰退したのでした。

## 願行上人《がんぎょうしょうにん》が大山不動を鋳造し、苦労のすえ大山寺に安置する

良弁僧正の創建から500年たった一二六四年頃、時の執権北条時頼の招きで願行上人憲静（一二一九〜九五）が京都から鎌倉に来ました。関東弘教、東寺修造、邪教撲滅の三大願を目的にしていました。願行上人は鎌倉の胡桃谷大楽寺《くるみだにだいらくじ》を開創し、鎌倉を中心に活躍しました。

(写真47) 願行上人不動像の道
日向から九十九曲りを登る

「大山不動霊験記《おおやまふどうれいげんき》」によれば、上人が大山に参詣した時に寺院が荒廃していたので、寺院の再興を決意し、江の島弁財天に大山再興の大誓願を立てたそうです。上人は江の島の龍穴に参籠して弁財天にその再興を祈願し、浄財を募って目的を達しました。江の島海岸の砂鉄を使い、まず試みに不動明王の小像を造り、ついで苦労の末、文永11年（一二七四）不動明王の大像と制多迦童子《せいたかどうじ》と衿迦羅童子《こんがらどうじ》の2童子を鋳造して大山寺に安置しました。この二つの不動明王は鉄鋳で、小像は「試しの不動」と呼ばれ、大楽寺に安置されましたが、廃寺になるに当たり鎌倉の覚園寺《かくおんじ》に移されたそうです。大像は大山寺の本尊です。完成するまで10年を要したようです。

　完成した不動明王を大山寺まで運搬し安置するのは、相当苦労したはずです。参道の急階段を人力で山腹まで運び上げるのは難しかったのでしょう。日向薬師の九十九曲り（写真47）の道を使ったという伝承があります。中尊の不動明王坐像は像高97・9㎝、光背までの総丈は約2ｍです。昭和3年に国宝に指定されましたが、戦後の文化財保護法で国の

（写真48）89代手中明王太郎造営
東大寺から続く寺院建設の素晴しさ

重要文化財となりました。

寺には木造の不動明王像も伝わっています。平安時代後期の作であると判明しました。鉄像のおよそ200年前に制作され、現在では本尊のモデルと考えられています。昭和59年、県の重要文化財に指定されました。脇侍の童子二体は95・4㎝とわずかな差があります。非常に重いことは明らかなのです。

この安置により大山不動信仰が高まり、大山寺は再興されました。願行上人は大山寺中興の祖と仰がれています。上人はさらに一坊を建立するなど、大山寺の発展に尽くしました。それらの宮大工は手中明王太郎が行いました。現在の大山寺の獅子頭や彫り物は見事です（写真48）。

その後願行上人は京都泉涌寺《せんにゅうじ》六世となり、晩年は京都東寺の再建にもあたったそうです。永仁3年（一二九五）81歳で入寂しました。願行上人の作善は今日の大山寺の根幹になったとされています。しかし願行上人が京都に去った後、大山寺の経営は修験者が中心となりました。その後の政権により、戦う集団の利用価値を見出されていくのでした。

# 第五章　足利幕府の祈願寺となり、戦国の世を軍事行動で生き残る

## 足利尊氏が京都に幕府を開く

鎌倉幕府を倒した足利高氏（のち尊氏《たかうじ》）（一三〇五～五八）は足利源氏の棟梁である足利貞氏《さだうじ》の二男として生まれました。鎌倉幕府五代の源頼嗣《よりつぐ》が倒れたのち、甲斐源氏、常陸源氏のなかで将軍職を継げる源氏筆頭でした。鎌倉幕府の中では北条家に次ぐ立場でしたが、北条は源氏の血を徹底的に排除しました。元弘元年（一三三一）後醍醐天皇《ごだいごてんのう》の挙兵に合わせ、北条氏の大将として出陣し反幕府に勝利します。元弘3年（一三三三）に後醍醐天皇が隠岐を脱出しました。尊氏は伯耆国船上山《ほうきのくにせんじょうさん》で3度目の倒幕に参戦して鎌倉幕府を倒しました。

建武元年（一三三四）、後醍醐天皇による建武の新政が始まりました。公家による政治なので、武士層には不満がありました。尊氏はこの不満を利用して、信望を高めていきます。この年尊氏は征夷大将軍だった護良親王《もりながしんのう》を失脚させ、翌建武2年（一三三五）中先代《なかせんだい》

の乱を機に鎌倉へ攻め込みました。尊氏は後醍醐天皇に叛きます。一三三六年、吉野へ遷った後醍醐天皇の南朝と京都の北朝とが対立する、南北朝時代に入ります。尊氏は延元3年（一三三八）北朝の光明《こうみょう》天皇から征夷大将軍に任じられ、京都に室町幕府を開きました。

さかのぼりますが、元弘3年（一三三三）に足利尊氏に糟屋荘が与えられました。大山衆徒は足利尊氏の軍に加わりました。尊氏は頼朝にならい大山を祈願寺にしています。源氏の伝統である、幕府と大山寺の関係は足利幕府にも承継されました。足利幕府は大山の庇護に乗り出し、大山寺の隆盛が始まります。貞和3年（一三四七）11月29日、尊氏は大山寺の造営に協力する旨の文書を大山衆徒に下しています。

足利尊氏が京を不在にしている間に、南朝方の和議が破られ、尊氏は宗良親王《むねながしんのう》、新田義《にったよし》興《おき》などに襲撃され武蔵国へ退却しました。すぐ反撃して武蔵野合戦で関東南朝方を破ったそうです。京都では息子の足利義詮《あしかがよしあきら》が敗れ、北朝が消滅することが起きてしまいました。尊氏は京に戻り奪還しました。

文和3年（一三五四）には旧直義《ただよし》派に京を奪われましたが、佐々木道誉《ささきどうよ》の補佐を受け義詮が撃退しました。その後、島津師久《しまづもろひさ》の要請に応じて九州下向を企てましたが、果たせなかったようです。尊氏は延文3年（一三五八）4月30日、直冬《ただふゆ》との戦いで受けた矢傷がもとで京都二条の万里小路第《までのこうじだい》にて死去しました。享年54でした。

南北朝時代に大山寺の僧兵は尊氏方で戦い、その功を尊氏が褒賞することになります。頼朝以来の慣例に従った寺領の安堵でした。

## 鎌倉公方の設置と大山衆徒の軍事行動

貞和5年（一三四九）尊氏は二男基氏を鎌倉公方にし、東国統治のために鎌倉府を設置しました。観応元年（一三五〇）尊氏は足利直冬討伐のため中国地方に遠征しています。大山寺別当《べっとう》佐藤中務《さとうなかつかさ》は尊氏に従い、備中笠岡（岡山県）で軍功を立てました。この頃から大山寺の別当として、お寺を実質支配する者の別当称号に八大坊が使われたようです。大山寺は鎌倉公方の傘下に入りました。

観応2年（一三五一）対立していた弟直義と和議が成立しました。観応3年（一三五二）2月直義は急死しました。尊氏による毒殺との説があります。大山寺に同年10月1日付けで武運長久を祈願し、相模国丸島郷（平塚市）を寄進しました。大山寺の持つ兵力と仏法による念力を幕府の戦力に期待したのでしょう。

翌年文和2年（一三五三）5月4日、6月23日尊氏は大山寺に天下安全と、凶徒退治祈

願のため、大般若経の一部転読を命じました。尊氏は病気がちになり、政権は二代目将軍足利義詮を中心に政務が行われました。

南北朝時代に足利尊氏の要請を受けて、大山寺と大山寺衆徒の代表として、戦場にも出て行ったのは佐藤中務で「佐藤忠信の17代孫、桂祥とも、中務ともいい、大山寺の別当として、尊氏から「備中国笠岡凶徒退治」に戦功をあげ、感状をもらった」とあります。この頃大山寺は一山の社寺の護持にあたる、社僧と修験集団があったことがわかります。

当時は石尊社の祭事は社僧が行い、不動堂は大勧進と脇僧によって奉仕されていました。その他の職務は修験者と清僧以外の俗僧によって行われたと伝えられています。このようなことから、大山寺の僧兵の軍事行動が備中笠岡まで行えた戦力があったことがわかります。

南北朝時代の後半は尊氏が京に出向いたこともあり、大山寺との関係は鎌倉公方が取り仕切りました。関東の要である鎌倉に置いた鎌倉公方は二男の足利基氏《あしかがもとうじ》が運営していきました。尊氏没後の貞治3年（一三六四）に、足利基氏が天下安全の祈願を大山寺に修めました。日向薬師には大幡を納めて、鎌倉公方との関係が深くなっていったのでした。康暦《こうりゃく》2年（一三八〇）日向山霊山寺に北朝の後円融《ごえんゆう》天皇より、三河・遠江両国の棟別銭《むねべちせん》で修理

(写真49) 平秀憲 (至徳3年銘) 奉納
高部屋神社の梵鐘になる

を行う綸旨《りんじ》が出されました。至徳3年（一三八六）に平（上杉）秀憲《ひでのり》が下糟屋高部屋神社に銅鐘（写真49）を奉納し、現在まで残っています。

## 関東に混乱が起こる

明徳3年（一三九二）南北朝が一体となり、応永7年（一四〇〇）鎌倉公方足利満兼《あしかがみつかね》が大山寺に蓑毛郷と田原郷（秦野市）を寄進し、大山寺の護摩堂の造営費用としました。応永19年（一四一二）足利義持が寺領として相模国糟屋庄内の高森郷を寄進しました。

応永29年（一四二二）関東管領足利持氏が大山寺・石尊社領として武蔵国小山田保山崎郷今井村を寄進しました。永享4年（一四三二）大地震により大山寺の仁王像が損傷しました。大山寺造営奉加帳によると、関東公方足利持氏、上杉憲実以下8人の東国武士が馬などを寄進したそうです。永享10年（一四三八）に永享の乱がおき、公方足利持氏と上杉《うえすぎ》憲実《のりざね》が対立し、三浦介時高が持氏を攻め、自害に追い込みました。このことで鎌倉公方が途絶えることになります。

糟谷領は上杉持朝《うえすぎもちとも》が所領していました。糟谷藤次は嘉吉《かきつ》元年（一四四一）の結城《ゆうき》合戦で討ち死にしたのでした。これらの合戦で足利持氏の残党は壊滅し、宝徳元年（一四四九）鎌倉公方に足利成氏がなりました。このように鎌倉公方や関東管領、糟谷領などの大山寺をめぐる状況はめまぐるしく変わりました。

宝徳2年（一四五〇）太田資清《おおたすけきよ》、長尾景仲《ながおかげなか》らが足利成氏を江の島で攻めた戦がありました。成氏に敗退した上杉勢は糟屋庄まで退き、関東管領上杉憲忠が七沢山に立てこもりました。享徳3年（一四五四）成氏が関東管領上杉憲忠を殺害しました。康正元年（一四五五）持氏が下総古河に逃れて古河公方となり、上杉家が鎌倉を占拠することが起きました。

鎌倉公方が不在になり、長禄元年（一四五七）将軍義政が弟の足利政知《あしかがまさとも》を関東に下向させました。しかし、鎌倉に入ることができず、伊豆にとどまり堀越公方となりました。このような関東の情勢の中、京都で応仁元年（一四六七）に応仁《おうにん》の乱《らん》が起こるのでした。

大山は時の権力者に支援、庇護されて維持発展を遂げてきました。応仁の乱以後の時期は関東混乱の中で庇護してくれる有力武士もなく、寄進された寺領は侵略されて失い、困窮を極めた厳しい冬の時代が始まったのでした。

# 上杉家家宰の太田道灌とはどんな人

江戸城を築城し、歌人としても有名な太田道灌《おおたどうかん》（永享4年〔一四三二〕～文明18年〔一四八六〕7月26日享年55）は悲劇の武将で知られています。関東平定の軍事行動で戦国のパンドラの箱を開けた人でもあります。

太田家は多田源氏満仲《みつなか》、鬼退治で有名な源頼光《よりみつ》、三位源頼政の子広綱の三代後に太田姓を名乗り太田資国の四代後の太田資清の子が資長《すけなが》（道灌）です。満仲から十四代後、清和天皇から十七代後となります。鎌倉の扇谷の屋敷、現在の英勝寺《えいしょうじ》で生まれました。

父の教育方針で9歳の時、鎌倉五山（建長寺、円覚寺、寿福寺、浄智寺、浄妙寺）の建長寺に修行に入り学んだと言われています。当時関東では足利学校（日本最古の学校）と肩を並べる名門でした。室町時代の「永享記」には「九歳の比より学總に入、十一歳の秋まで終に不帰父家。蛍雪の功績で五山無双の学者たり」と記されています。

江戸城の書斎には、兵書を始め、史学、文学、医学、薬学など数千冊の本があふれていたそうです。前漢の軍師張良《ぐんしちょうりょう》の教えを学び、孫子や呉子の兵法を習得していました。「太田家譜」によれば、細川勝元に3巻の兵書を送ったとのことです。日々知識を吸収し続けたという類まれな向上心は、幼少期の厳しい修行で養われたものと思われます。

文安3年（一四四六）に元服し、資長を名乗ります。初名は持資ともいわれています。享徳2年（一四五三）従五位上に昇叙して、左衛門少尉（左衛門大夫）を称しました。関東管領山内家の家宰長尾景仲は母方の祖父にあたり、共に山内憲忠を支え、康正《こうしょう》元年（一四五五）に品川湊近くに居館を構えました。同年正五位下に昇叙し、備中守に転任しました。太田家は室町時代、鎌倉公方を補佐する関東管領、扇谷上杉家に仕える家宰でした。家宰《かさい》とは家長に代わって家政を取り仕切る職責です。

上杉家では分家同士の内紛や鎌倉公方と室町幕府の対立の享徳の乱の中、24歳の康正2年（一四五六）に家督を相続し、主君の上杉政真と次代の定正に補佐として仕えました。ほとんどの生涯を関東の享徳の乱（28年間）を戦うことになったのでした。寛正《かんしょう》3年（一四六二）に扇谷持朝が堀越公方（足利本家が派遣）と対立し、謀反の嫌疑がかけられたため、両者の対立収拾と弁明のために扇谷持朝の代わりに上洛することになります。

寛正6年（一四六五）道灌は上洛し、将軍足利義政に「関東静謐《かんとうせいひつ》の策」を言上しました。その後、京都を中心にした応仁の乱（応仁元年〔一四六七〕～文明9年〔一四七七〕）が始まり、戦国時代が幕開けしたのでした。

文明10年（一四七八）に資長は剃髪し、父資清（道真）にならい、道灌と称しました。頭を丸めている坐像で、体には胴服、右手に刀一振りが置かれた、東京都北区の道灌堂の木造の太田道灌坐像は250年忌にあたる享保20年（一七三五）に建立され、厨子《ずし》は350年忌にあたる天保6年（一八三五）7月に制作されました。地元の人に愛され続ける、太田道灌の風貌を伝える唯一の木造だそうです。

## 太田道灌は江戸城を造り、足軽（傭兵部隊）の軍法を編み出した

太田道灌と言えば江戸城を築城したことで有名です。古河公方側の有力武将の千葉氏を抑えるため、両勢力の境界である、当時の利根川（現在の江戸川）下流域に城を築く必要があり、江戸氏の館があった現在の麹町《こうじまち》台地に築城したそうです。江戸城が完成し、品川から居館を移したのは長禄《ちょうろく》元年（一四五七）5月1日と伝えられています。

太田道灌が江戸城築城の際に現在の和田倉門の地に「吉祥増上《きっしょうぞうじょう》」の刻印が出て、吉祥庵を長禄2年（一四五八）に建てました。天正19年（一五九一）に徳川家康が本郷元町に移転し、一五九二年に学林ができました。現在の駒澤大学の前身（伝駒澤大学）だそうです。

江戸城の守護として日枝《ひえ》神社、築土《つくど》神社、平河大満宮など、今も残る神社を江戸城の周

辺に勧請、造営しました。今でも江戸城には道灌濠の名が残り、築城当時の面影を残しています。江戸城は当時の山城から平地に建てる平城の最初で、川越城、岩槻城と戦略的にリンクしていました。この戦略的築城は北条氏に引き継がれました。

道灌は学問、兵法に通じていましたが、当時の軍配者《ぐんばいしゃ》（軍師）の必須の教養であった易学を修めていました。それまでの騎馬武者による一騎打ちをやめさせ、当時、登場しつつあった足軽を活用した集団戦術を編み出しました。この戦法で百戦百勝の戦上手といわれ、戦国時代の戦い方を変えて行ったそうです。中でも、山内上杉家の家宰・長尾家の相続争いに端を発した長尾景春の鎮圧に群を抜く活躍を示したそうです。

## 歌人太田道灌・心敬は大山歌壇・俳壇に影響を残した

後土御門《ごつちみかど》天皇に拝謁（寛正5年（一四六四））した時に、道灌が歌の名人と知り、道灌の住む「館の風景」を尋ねられ詠んだ歌で、鎌倉の風景がよく出ています。

「わがいほは　松原つづき海近く　富士の高嶺を　のきばにぞみる」

当時は鎌倉の扇谷に住んでいました。現在の英勝寺の場所になります。

文明元年（一四六九）から文明6年（一四七四）頃著名な歌人心敬を品川の館に招いて

（写真50）善波峠から富士山
心敬も善波峠で振り返り富士山を見たでしょう

連歌会を催しました。これは「品川千句」と呼ばれています。

文明6年には心敬や宗祇《そうぎ》を招き江戸城で歌合を行い、「武州江戸二十四番歌合」が残っています。道灌は歌集「慕《ぼ》景集《けいしゅう》」を残している当代屈指の歌人なのです。

連歌師心敬僧都は応仁の乱を避けて、関東に下ってきました（写真50）。文明元年（一四六九）道灌の父の太田資清が川越城に心敬、宗祇を招いて歌会を開いたことで、その頃心敬は大山を訪れたのでした。文明3年（一四七一）連歌師の心敬僧都が大山の麓の石倉の浄業寺に住み、「老のくりごと」を著しました。

心敬僧都は浄業寺で文明7年（一四七五）に没しました。北条政子が頼朝の菩提を供養した石蔵山浄業寺は今では遺構がはっきりしません。心敬塚という場所があり、そこから相模湾が一望できたそうです。その頃詠んだ句があります。

「遠海を　みどりによする　夏野哉」

宗祇は連歌を心敬に師事し、箱根湯本で客死しました。宗祇のお墓は

（写真51）上粕屋神社上杉館といわれている。欅の大木が林立している

早雲寺に立派な供養塔が建てられています。

## 道灌の関東平定の道は大山街道と重なる

道灌は、文明18年（一四八六）7月26日相模国糟屋（伊勢原市）の上《うえ》杉定正《すぎさだまさ》の館（写真51）において、主君に謀殺（享年55）されました。足利基氏が鎌倉公方として関東鎮撫を行って以来、その系譜の持氏時代に鎌倉公方と関東管領との権力争いの収拾がつかなくなっていったのでした。

永享10年（一四三八）足利幕府と関東公方の対立は激化し、第五代関東公方についた持氏は「享栄の乱」を起こし、持氏は敗北をします。永享12年（一四四〇）持氏の遺子を結城氏朝が担ぎ「結城の乱」を起こします。結城氏は敗北し、関東の実質支配は公方から関東管領の上杉家に移ったのでした。この間、太田道灌は扇谷上杉家の家宰として活躍しています。

足利持氏の末子永寿王が足利成氏と称して、宝徳元年（一四四九）に第5代鎌倉公方となりました。成氏が下総古河に進軍し古河を本拠としたため、「古河公方」とよばれたのでした。足利成氏は享徳3年（一四五四）に、管領上杉憲忠を鎌倉の邸宅に襲って殺害しました。

足利義政は弟の政知を長禄元年（一四五七）に還俗させ、成氏に対抗させるため、関東に下向させましたが、翌年に鎌倉に入れず伊豆に止まり「堀越公方」と呼ばれることになります。

古河公方と堀越公方を名目上の主君として、山内上杉家（家宰長尾家）と扇谷上杉家（家宰太田家）の対立が形成されました。権力関係は非常に複雑で流動的でした。太田道灌は扇谷上杉のために上洛します。また、関東一円の戦場を駆け巡ったのでした。

古河公方側が箱根山を越え、伊豆の堀越公方を文明3年（一四七一）に攻撃しました。文明5年足利成氏が五十子《いそご》の陣を急襲し、扇谷政真《おおぎやつまさざね》が討死にしました。道灌らが協議し叔父の上杉定正を扇谷上杉の当主に迎えたのでした。

道灌の上粕屋上杉館からの関東平定の道は鎌倉街道であり、江戸時代の大山街道になりました。特に、北関東の中山道、川越街道から大山、富士山への街道は道灌の関東平定の道に重なります。岩槻から、石神井《しゃくじい》から、千葉からと関東一円の軍事行動が江戸時代の大山・富士街道の成立に大きく貢献したといえます。

## 道灌と北条早雲（伊勢新九郎）、上杉謙信（長尾景虎）の関係

今川義忠が文明8年（一四七六）に討ち死にしたことで、家督争いが起き、道灌が仲裁することになりました。遺児の叔父伊勢盛時（北条早雲）の推す龍王丸と堀越公方側の小《お》鹿範満《しかのりみつ》が争い、龍王丸（今川氏直《うじなお》）が成人するまで小鹿氏が家督代行をすることで和議に至ったのでした。

当時、足利幕府の申次衆の早雲は才能高く、関東を平定した室町幕府の関東管領扇谷山内家の家宰の太田道灌を生涯にわたり、尊敬していたようです。道灌と早雲は24歳違いといわれています。氏綱が道灌の戦績跡をそのまま引き継ぎ、北条家を立てますが、早雲は堀越公方がすんでいた、伊豆韮山から生涯動こうとしませんでした。さらに大山の麓の五霊神社に道灌を合祀したのでした。

文明5年に山内家の家宰長尾家の跡目争いで長尾景春《かげはる》の乱が起きました。長尾景春が古河公方と結び鉢形城（寄居）で文明8年に挙兵しました。石神井城の豊島泰経《としまやすはる》が呼応したので、道灌は兵を動かし溝呂木城《みぞろぎじょう》（厚木）、小磯城（大磯）を攻略しました。同年4月に

江古田《えごた》・沼袋原《ぬまぶくろはら》の戦いで豊島氏を撃破し、石神井城が落城して豊島氏を没落させました。

小机城（横浜）を包囲して文明10年（一四七八）に攻め落とし、長尾氏の相模諸城を落して一掃しました。同年12月に千葉氏を境根原合戦で破ります。文明12年日野城（秩父）の長尾景春を滅ぼしました。この間、長尾景春は同族の越後の長尾為景に援軍を要請していますが、為景が長尾景虎（上杉謙信）の父親なのです。

長尾景虎は逃げ延びてきた上杉憲正から山内上杉家の家督を相続し、上杉謙信を名乗り、関東管領となりました。そのために、関東平定と安寧に腐心して、たびたび武田氏や北条氏と戦ったのでした。

## 「当方滅亡」は糟屋館で起こった

道灌の活躍で扇谷家の勢力は大きくなっていきました。それと共に道灌の威望も絶大なものになっていったのでした。道灌は「武・上の両国支配は私の功である」と公言していました。上杉定正は意見を聞かないことや、江戸・川越城を補修したことなどで道灌を糾弾しましたが、一切弁明しなかったそうです。

文明18年（一四八六）扇谷定正の糟屋館に招かれ、道灌はここで暗殺（享年55）されました。入浴後風呂場の小口から出たところを曾我兵庫に襲われたそうです。死に際「当方滅亡」と言い残しました。「私が死ねば上杉家に未来はない」との予言であったといわれています。

定正は道灌の下剋上を恐れていたとも、他勢力の陰謀ともいわれています。道灌死によって奇しくも、北条早雲が伊豆（堀越公方）を制し、小田原に進出して相州、武州を掌握し、関東管領扇谷上杉家を滅ぼしました。

亡命した関東管領山内上杉憲政の後を継ぎ、家宰の長尾景虎は関東管領上杉謙信と名を変えて上州に進出することになります。太田道灌、北条早雲、上杉謙信の３人は関東三英雄とも言われています。

道灌の子資康《すけやす》はただちに山内顕定にはしり、上杉定正は曾我祐重《そがすけしげ》を江戸城に置きました。38年後、道灌の孫資高は北条氏綱に内通し、土地を与えられ道灌以来の復帰を果たしました。家康により寛永12年（一六三五）大名となり、子孫は各地の城主となったのち、掛川城主で明治維新を迎えました。

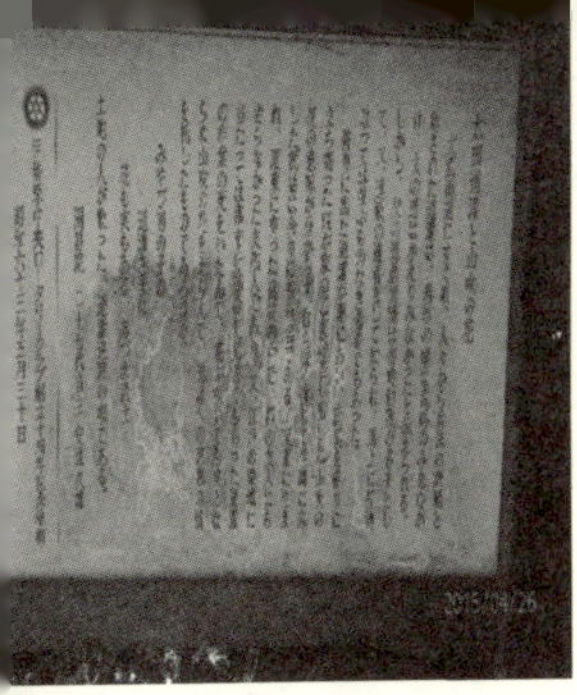

（写真52）伊勢原伝山吹の里
各地にある山吹の里の一つ

## 戦国のパンドラの箱を開けた道灌伝説は大山の麓にある

山吹伝説「七重八重　花は咲けども山吹の　実のひとつだに　なきぞ悲しき」

この歌は後拾遺《ごしゅうい》和歌《わか》集《しゅう》兼明《かねあきら》親王《しんのう》の詠んだ歌です。道灌が突然の雨に遭い農家に蓑《みの》を借りようと立ち寄ると、娘が出てきて山吹の一枝を差し出しました。この歌を知っていたのです。貸す蓑がないということです。

有名な話ですが、場所については諸説があります。豊島区高田面影《おもかげ》橋付近や埼玉県越生《おごせ》町、伊勢原市高部屋などに「山吹の里」（写真52）が存在します。

新渡戸稲造《にとべいなぞう》著「武士道《ぶしどう》」（一八九九年）第4章　勇（Chapter Ⅳ COURAGE, THE SPIRIT OF DARING AND BEARING）に紹介されている歌があります。勇気ある人が真に偉大な死に臨んで有する余裕の一例としているのです。上粕屋の上杉館湯殿での「だまし討ち」の状況の逸話です。（ what we call a capacious mind（yoyu））

道灌が刺客に槍で刺された時、刺客が「かかる時さこそ命の惜しからめ」と上の句を詠むと、道灌は致命傷に少しもひるまず「かねてなき身と思い知らずば」と下の句を続けました。このように「武士道」に紹介されています。

道灌は江戸っ子にとって江戸の原型を築いた恩人であり、悲劇の最期を遂げた「判官びいき」もあり、山吹伝説が広く庶民階級に受けたのでした。

## 落語「道灌」とは！

江戸初期の落語で、初代林家正蔵の噺本（一八三三）に原形が見られるそうです。3代目三遊亭金馬や5代目柳家小さんが長く得意ネタとして語ったそうです。話の内容は太田道灌の「山吹の里」からとったそうです。隠居と八五郎といつもの男の噺です。

「隠居のところで、太田道灌の「山吹の里」の話を聞いて、八五郎はいつも傘を借りに来る男に対し、「簑ひとつだに…」の逸話を使い、傘を断ろうとしました。しかし、今回の男は傘を持ってきていて、提灯を借りに来たのでした。

そこで、八五郎は隠居から聞いた話に持ち込みたいため、男に「雨具をかしてください」といわしたのですが、八五郎の詠う「山吹の里」を男は短い都都逸といいました。すかさず八五郎が「歌に暗いね」というと、男は「かどが暗いので、提灯を借りに来た」という落ちの噺です。

江戸時代から太田道灌人気が蔓延《まんえん》していたのがわかる落語です。

## 徳川家康は太田道灌の子孫「英勝院・お勝（お梶）の方」を重用した

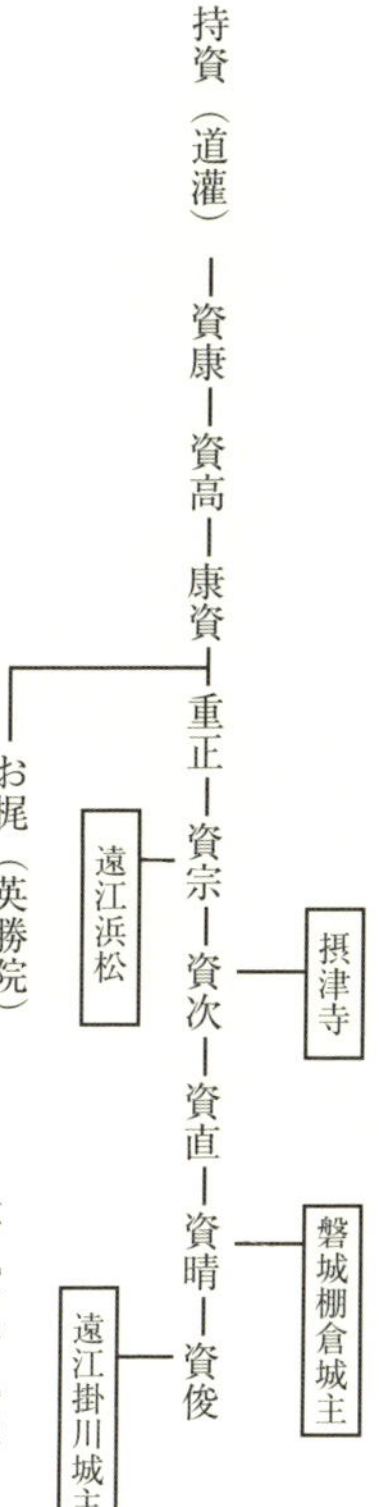

（伊勢原町勢誌より）

天正18年（一五九〇）江戸城に入城した徳川家康は、太田道灌の子孫のお梶（お八ともいう。のちお勝）を召し出しました。お梶の父は太田新六郎康資《やすすけ》で、道灌から三代後でした。道灌の子の資康は扇谷山内家を見限り、上杉家につかえ、その子の資高は北条家につかえました。道灌から四代目の康資は徳川家につかえ、その子の重正、資宗は徳川2代につかえ、大坂の陣の功績で上総野田などの地を拝領しました。英勝院の関係もあり、その

（写真53）鎌倉英勝院道灌碑
道灌の鎌倉屋敷跡に建つ英勝院（お勝）のお寺

後に子孫は移封を重ね栄達していきました。

宝永2年に資晴が磐城棚倉城主として大山の麓の道灌を祀る五霊神社を再建します。その子の資俊が上州舘林から延享3年（一七四六）遠州掛川藩五万二千石で入府し、幕末を迎えました。

太田康資の娘のお梶はたいへん機知に富み、気丈な人でしたので、甲冑をつけ関ヶ原の戦いや大坂冬の陣、夏の陣にも供をしたそうです。お梶が家康の供をすると、連戦戦勝なので、「お勝」と名を与えたそうです。

家康との間に一女をもうけましたが4歳で亡くなってしまいます。家康のそばで、質素、倹約を旨として、お金の管理をしていたそうです。家康にお勝の方は男なら大名にもなると言わしめたそうです。家康没後に英勝院と称し、鎌倉の太田屋敷跡に英勝寺（写真53）を建立しました。

家康は子を亡くしたお勝を哀れに思い、水戸家初代の徳川頼房の養母にしました。お勝の方は、頼房と年が近い家光に子がないことで、子供の誕生に遠慮する頼房を説き伏せ、子供を産ませました。誕生した子がのちの水戸光圀でした。

水戸徳川家と深く関係し、光圀が唯一旅行して鎌倉に来た理由が英勝院にお詣りするためだったそうです。黄門さんが延宝元年（一六七三）に編集した「新編鎌倉志」はこのときの旅行記でした。英勝寺には道灌などの供養塔があり、光圀が建てたそうです。

英勝院は代々、水戸家の息女が庵主として継承していきます。道灌の山吹の里は、鷹狩を好む家康とお勝との関係を反映しているともいわれています。江戸城では英勝院と春日局は隣同士の部屋にすんでいたそうです。徳川家奥内の婦女子では有名武家の子女は少なかったので、太田道灌子孫のお勝の方（英勝院）と斎藤利三《としみつ》の子の斎藤福《ふく》（春日局）は境遇が似ていて、話が合い、仲が良かったと想像できます。

道灌の子孫がのちのち掛川藩の大名になったことには、英勝院が関係していたことでしょう。また、春日局の子供の稲葉氏が小田原城主になったことは偶然とは思われないのです。その後、掛川藩五代目に春日局の猶子（養子）の堀田家から太田家に養子に入りました。その後太田家は明治維新後に子爵となりました。

（写真54）太田道灌の墓
上粕屋の道灌の胴塚

（写真55）七人塚
道灌の家臣七人の墓

## 道灌のお墓は上粕屋にあり、詠んだ歌も多く残る

太田道灌のお墓は伊勢原市の洞昌院《どうしょういん》にあります。また、首塚は大慈寺《だいじじ》（伊勢原市）にもあります。胴塚は伊勢原の上粕屋（上杉糟屋館付近）（写真54）に祀られています。付近に七人塚もあり、暗殺時に抵抗した従者7人（写真55）といわれています。

当方滅亡の辞世句
「今日までは　まくめうしわを　いれおきし　へむなしふくろ　いまややぶれけむ」

七人の従者に
「世の中に　独り止まるものならば　もし我かはと　身をや頼まん」

小机《こづくえ》城攻略で部下に唄わした
「小机は　まず手習いの　はじめにて　いろはにほへと　ちりぢりに」

銅像は旧都庁の敷地（現在の東京国際フォーラム）、新宿中央公園、JR日暮里東ロータリー、皇居の平河門、越生市の龍穏寺、伊勢原市市役所など多数みられます。装束は狩衣などです。遺跡として日暮里に道灌山や道灌通りがあります。皇居に道灌濠があります。小机城攻略に陣を敷いた横浜の亀甲山などが有名です。

伊勢原市では毎年10月に道灌まつりが行われています。

## 聖護院准后道興《しょうごいんじゅごどうこう》が大山に参る

京都の聖護院准后道興が奥州巡錫の道すがら、文明18年（一四八六）に大山寺と日向薬師に参詣し大山寺に泊まったそうです。准后道興は天台宗聖護院本山派の修験道の棟梁で絶大な権力を持っていました。もう一方の修験道の本山は真言宗の醍醐寺の当山派で、二つの組織があったようです。聖護院は現在では京都土産の「八ツ橋」で有名です。徳川十四代家茂《いえもち》の正室の皇女和宮が明治時代に住んだことで知られています。

当時は大山寺が天台宗に属し、関東の修験道の重要な立場にあったことがわかります。道興は「廻国雑記」にこのことを記載し、大山寺に泊まったが寒くて眠れなかったと書いているのです。当時は、関東管領の内紛などで太田道灌が戦場で活躍した時代でした。室町末期の戦国の世となり寺領も侵略され、大山寺の運営が厳しくなったことがうかがえま

（写真56）聖護院道興が詠んだ二ツ橋
二の鳥居の近辺にある橋

す。同年に道灌が上杉館で誅殺されました。

その時、詠んだ歌。

「おぼつかな　流れも分けぬ川水に　かけ並べたる　二ツ橋」

この場所は三の鳥居を過ぎたところに現存しています。二ツ橋（写真56）は関東大震災で場所は変わりましたが、大山行バス停鳥居前の50m過ぎたところです。江戸時代には二ツ橋は大山門前町の入口で高札場があったのでたいへんにぎわったと伝えられています。

## 道灌が開いた戦国の世を引き継いだ北条早雲（伊勢新九郎）とは！

大山寺佐藤助太郎が長享《ちょうきょう》2年（一四八八）の武州高見原合戦の軍功により足利成氏の感状を受けました。糟屋庄の関東管領扇谷上杉定正は延徳2年（一四九〇）に「大山寺並びにその付近において法度に背く者あれば制裁を加える」旨の禁制を下して禁制札を大山寺に掲げました。定正は明応3年（一四九四）に武州高見原で、山内上杉顕定と戦い陣没しました。それから間もなく大山寺は小田原北条氏の支配下にはいったのでした。その政治的、軍事的関係は北条5代まで続くことになります。

伊勢宗瑞（北条早雲）（一四三二〜一五一九年）と関東との関係は、幕府の意向を受けて奉公衆として今川家の家督争いに介入してからです。

太田道灌が一四八六年に誅殺された時期に、伊勢宗瑞は伊豆韮山の堀越公方政知を攻め、これを滅ぼしました。小田原進出は近年の研究で、小田原の津波被害を援助する理由をつけ、当時小田原を支配していた大森氏を、足柄峠を越えて滅ぼしたようです。「火牛の計」は明応の大地震の津波による火災を利用したと言われています。

北条早雲は備中荏原荘（井原市）の出自といわれ、父の伊勢盛定は八代将軍足利義政の申次衆《もうしつぎしゅう》として重要な立場であったようです。北条（後北条ともいう）とは北条二代目の嫡男氏綱から使ったといわれ、存命中には早雲の記録がないのです。一四六七年応仁の乱の時に今川義忠が伊勢氏にたびたび申次した関係で、早雲の姉または妹の北川殿が、義忠に嫁ぎました。今川義忠の戦死に伴う家督相続争いの文明15年（一四八三）には、早雲は九代将軍足利義尚の申次衆であり、長享元年（一四八七）には奉公衆になっていました。この年、嫡男氏綱が誕生しました。

幕府での役職上の仕事として、将軍の意向を受けて今川家の家督相続に介入し、治めるために文明11年（一四七九）頃駿河に下向しました。将軍義政は龍王丸（氏親）に同年、家督継承を認めました。しかし、15歳になっても小鹿範満（氏親の父・今川義忠の従兄弟）は家督を戻さなかったのです。早雲は一四八七年に駿河に戻り、幕府の意向として小鹿氏を滅ぼしました。早雲は氏親から興国寺城を与えられ、足利幕府の奉公衆のまま、守護代として駿河にとどまり、道灌の死で関東進出の機会ができたのでした。

延徳3年（一四九一）に堀越公方政知の死に伴い家督争いが起こり、早雲は明応2年（一四九三）、将軍足利義澄《あしかがよしずみ》の意向（母と弟の敵討ち）を受けて伊豆入りし堀越公方を滅ぼしました。そのことで明応4年（一四九五）足利家の奉公衆を退任して、「早雲庵宗瑞」という法名になりました。小田原攻略は震災後の復興期に大森家の内紛があり、山内家や上杉家が介入したために、早雲が大森氏を攻略したといわれています。

## 北条早雲が太田道灌を祀った五霊《ごれい》神社

上粕屋七五三引《しめひき》の大山二の鳥居の隣に五霊神社（写真57）があります。鳥居は現在移されていますが、神社はそのまま残っています。祭神は大国主命などの5柱なので五霊神社

（写真57）道灌を祀る五霊神社
北条早雲が遺徳をしのび合祀

といいました。

北条早雲はに太田道灌の不慮の死を残念に思ったようで、相模を支配下に置くと、明応3年（一四九四）道灌の終焉の地の糟屋館に近い、五霊神社に太田道灌を合祀しました。家臣の山田伊賀守源光長をつかわし、鎮祭を行い、道灌の甲冑を納めて、ご神体にしたのでした。早雲は今川家の家督問題でのやり取りや、道灌の若かりし頃の博識に尊敬の念を持っていたのでしょう。また、道灌が平定した関東を早雲が引き継いだという思いがそうさせたのかも知れません。特に、将軍義政との対面の様子や後土御門天皇に和歌で直答したことなどは、早雲が義政の申次衆であっただけによく承知していたはずです。

江戸時代の磐城棚倉（福島県）の城主太田備中守資晴は、参詣した折に糸巻きの太刀を献納しました。大正7年に大正天皇が従三位の追善をされました。本殿の社額は子爵太田資業《すけなり》が自書して奉納したものだそうです。その後、太田家は祭神を祀っているそうです。

社殿の傍らの梅の古木の下に句碑があり、江戸時代の小網町の「古帳女の大山寺の句碑」が残っています。

「小男鹿の声くもりなし大山寺」

## 北条家の関東支配と大山衆徒

早雲は永正9年（一五一二）、三浦氏の岡崎城（伊勢原市）を攻略して相模を平定しました。永正15年（一五一八）には、家督を氏綱に譲ります。早雲は生涯にわたって韮山城から出ることはなかったそうです。伊勢新九郎（北条早雲）はあくまでも、足利幕府の将軍代理として関東の騒乱を落ち着かせようとしたのでしょう。北条家は太田道灌が平定した関東にそのまま進出し、道灌の造った砦を利用しています。これは二代目の北条氏綱によって行われました。

小田原衆所領帳（一五五九年頃）に「社領、大山領百七十八貫田百六十七文、中郡、高森郷」とあります。その後北条家は相州一帯の真言宗修験寺の檀家をことごとく取り上げ、天台宗本山派の小田原にある王滝坊の支配下にする政策を取りました。

大山寺別当八大坊（写真58）の蔵造営時の天文7年（一五三八）に、第三代氏康から諸役を免除する制令を受けました。相模古文書では、永禄4年（一五六一）氏康は上杉謙信

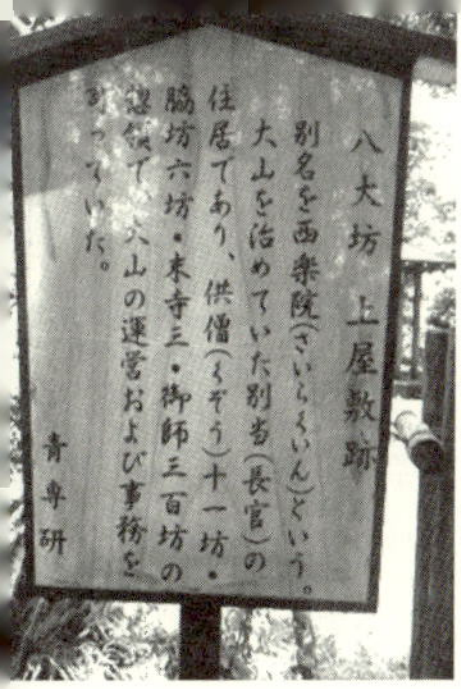

(写真58) 八大坊上屋敷跡
大山寺別当の屋敷跡

に小田原を囲まれた時、大山寺に山中城警護と忠誠を命じています。四代氏政は元亀2年（一五七一）大山郷に、棟別銭十一貫百八十三文の分納を命じました。大山八大坊の兵は天正17年（一五八九）の秀吉侵攻時には、山中城守備に出陣し大敗してしまいます。大山寺は北条時代には政治優先の戦闘集団であったのでした。

豊臣秀吉の北条討伐時には、大山の僧徒は北条家に加担しました。これは北条家が5代を通じて、大山寺の門徒や人材や物資的援助を自己の戦力に加えたことによります。大山寺は北条軍の軍略上の重要な任務を負い、その修験力と軍事力が大きかったようです。北条氏直の軍陣で、大山の山伏の学善坊がほら貝を吹いたことが、「北条五代記」に記されています。このことから、信仰の山の大山が軍事を主体にした、修験僧の時代であったことがわかります。大山不動霊験記によれば、大山寺別当に修験僧の桂祥が就任していた時期もありました。

# 第六章　徳川家康は頼朝にならい大山寺を祈願寺とする

## 徳川家康は「慶長の改革」により大山を粛正した

豊臣秀吉は大山門徒の北条家への参加を快く思っていませんでした。そのため、北条領土を支配下に置いた徳川家康は、大山寺の赦免《しゃめん》を申し出ることができずにいました。大山寺はひたすら豊臣秀吉の沙汰を待っていました。天正18年（一五九〇）8月1日に徳川家康が江戸へ入城しました。徳川家康は江戸の町づくりや関所の整備をするとともに、宗教統制に着手したのでした。天正19年（一五九一）には相武の主な社寺（大山寺近辺も含め）に朱印状を与え経済基盤を保証しました。しかし、大山寺には朱印状は出されず、朱印状が出されたのは幕府開設後の15年後になりました。これは北条家に加担したことで、いかに豊臣政権に遠慮したかがわかります。

慶長8年（一六〇三）に家康は江戸に幕府を開きました。源氏の家康は頼朝、尊氏にならい大山寺庇護に入ります。2年後の慶長10年（一六〇五）1月に一山大改革の東照大権《とうしょうだいごん》現《げん》告示が大山寺の八大坊に下達されました。これほど家康は大山寺の軍事力を警戒していたのでした。不浄の僧を下山させ、清僧の信仰の地に戻そうとしたのです。

その要約の4点は、

①願行上人が復興させた、仏教の学びと修行の場に戻すため、無学で規律を守らない雑僧と衆徒は下山させることにしました。

②相模国の八幡村（平塚市）の成事智院の住職の実《じつ》雄《お》法《ほう》印《いん》を大山寺学頭に抜擢して、八大坊に常任させること。

③大山寺の清僧を25人に決めて、この僧たちは山内に居住すること。

④伊奈備前守忠次を奉行に山内の諸堂、伽藍の再建を命じます。

これにより一山の大刷新が実施されたのです。

## 関東高野山として隆盛をむかえる

幕府の全国諸寺院の本末制により大山寺は高野山の末寺として遍照光院《へんじょうこういん》の支配下に置かれました。遍照光院頼慶（一五六二〜一六一〇）の尽力で大山寺は関東五か寺の一位となり、徳川家の祈願寺に指定されました。以後、大山寺は明治まで関東の高野山と呼ばれ、真言宗の代表的寺院の「発心の寺」として、真言宗一位を保証されたのでした。

大山町は前不動堂から、蓑毛村は蓑毛参道二十八丁目から上が女人禁制の地となっていました。山内を追われた修験僧や僧兵は坂本村（大山）や西坂本村（蓑毛）に住み、御師《おし》として布教活動に専念したのでした。各村落に大山講を組織させ、御師と檀家《だんか》を結ぶとともに大山参詣の際の宿坊を営みました。宿坊の主を御師と言い、大山講を組織し、江戸時代の大山の隆盛の基となったのでした。檀家は北の秋田県から南は岐阜県まで広がっていきます。

慶長13年（一六〇八）幕府は実雄法印（大森氏末裔）に碩学領として小蓑毛郷57石を、慶長15年には寺領として坂本村と子安の一部１００石を下賜しました。四代学頭隆慶は碩学領と寺領を一体化することを申し出て、幕府より一本化の朱印状が下付され、以後幕末まで続きました。学頭は以後幕府から任命を受けて、一山の経営を行っていったのでした。

慶長14年（一六〇九）「山上・山下静謐の壁書」の3か条の山内方式が家康から別当に下達されました。これは山内の居住や妻帯、檀家などを清僧に引き渡すことを厳命していきます。高野山遍照院頼慶より山内清僧に7か条の心得が通達されました。八大坊下屋敷が福永町に置かれました。現在の社務局の場所です。

## 家康の江戸はこだわりから生まれた

大山寺は真言宗関東一の寺院となり、徳川幕府の祈願寺になりました。家康は学問好きなので、歴史をたいへん勉強したようです。特に頼朝のことは吾妻鏡を研究して、組織運営を学んだようです。源氏として、頼朝にならい、大山寺を祈願寺にして、寺領を寄贈しました。また、大山寺を関東高野山としましたが、京都にならい比叡山を置きました。東の叡山ということで、上野に東叡山寛永寺を創建しました。さらに、北の鬼門に神田明神を置きました。天皇の都に対して、政務の都としての江戸を意識したのでした。

自分の死後は静岡の東照宮に祀ることを遺言します。駿河の東照宮と大山を結ぶ線は江戸城につながります。祈願寺大山に江戸政権の隆盛を願ったということでしょう。三代将軍が駿河東照宮を日光に移しましたが、陽明門の真上に北極星が輝くことが知られています。ここから富士山を結ぶと駿河東照宮です。富士山を通じて、徳川幕府の不死を北極星に願ってのことでしょう。

海は大幅に干拓しました。日比谷の入り江に溝を掘ることで、日干しにして新地を造り、武士を住まわせたそうです。土木工事には武士まで駆り出された記録があります。また、江戸に流れ込む川筋を変えることで、湿地帯を農地に変え、食糧の増産を行ったのでした。このような事業は大山寺再建を命じた伊奈《いな》家が長きにわたって担当していきました。

## 大山寺を再建した伊奈忠次《ただつぐ》の江戸改造は大山街道整備につながった

徳川家康から大山再建の命を受けた伊奈家は足利の系列で荒川氏と称していましたが、足利義尚から信濃伊那郷を与えられ伊奈熊蔵と称しました。三河国に来た伊奈忠基《ただもと》（熊蔵）は松平広元、元康（徳川家康）の家臣となり、徳川家譜代として三河国小島城（西尾市）を居城としたのでした。

忠基の子の忠家は天正3年（一五七五）信康の近習として罪に問われ出奔《しゅっぽん》しましたが、その子忠次が天正10年（一五八二）家康に帰参を許され、旧領の小島を領土としました。伊奈家は調達や荷駄運搬に才能があり、秀吉の小田原攻略時に富士川が増水した時に、道路、舟梁《ふねはり》の管理をしていた忠次は3日の川止めを進言し、兵の犠牲と食料の流出を未然に防ぎ、秀吉から恩賞を賜りました。

家康の関東入部に際して伊奈忠次はいち早く反対派を押さえ、関東平野の食料増産の可能性を示唆して小田原居城説を退け江戸入部を進めました。この功績により代官頭（関東郡代）となりました。

代官頭伊奈備前守忠次は江戸入部後いち早く大河川と、低湿地帯の水利土木に取り組みました。その功績は現代の東京にも大きな影響を残しているのです。

1　江戸城の築城のため、「備前濠」による水利、湿地の改善をしました。

2　太閤検地以来の検地による幕府財政の強化をはかりました。

3　利根川の東遷と荒川の西遷による江戸の湿地改善と洪水の未然化を行いました。

4　この河川の変遷により、結果として新田の開発ができました。

伊奈忠次はこれらの事業により、徳川幕府の大久保長安《ながやす》（金山開発）と並ぶ行政官として重きをなしました。

富士山の宝永4年（一七〇七）の宝永噴火で相模、足柄の人達は降り積もる火山灰による飢饉《ききん》や、川の氾濫《はんらん》による洪水に悩まされました。七代目の伊奈忠順《ただのぶ》は御用米の放出をし、火山灰除去作業の手間賃を当時の標準以上支払い、この地域の人々を救ったのでした。大山も相当の被害がでて、現在でも富士砂というその頃の火山灰が30～50㎝の層をなしています。

大山の三門前町も富士山の噴火による火山灰被害が甚大でした。さらに河川の川床の上昇による洪水被害も続きました。それでも、伊奈家の河川の改修は大山街道整備の点では好ましい事業でした。関東北部の中山道や川越街道からくる人達も多くなり、大山詣りの盛況につながりました。

## 春日局は大山に「家光の将軍継嗣《けいし》の祈願」をした

春日局は明智光秀の重臣の斎藤利三《としみつ》の娘で、斎藤福といいました。稲葉氏の妻となりますが、寛永6年（一六二九）に参内し、乳母として家光を将軍にしたのです。朝廷から春日局（藤原福子）を賜りました。

徳川家の世継ぎの騒動が慶長19年（一六一四）に起きました。お伊勢参りと称して、春日局が大山寺に立ち寄り、家光が将軍になれるよう願をかけました。その足で、駿府の家康の処に駆け込み将軍継嗣問題を訴えました。これにより、家康は出府し、江戸城での二代目将軍秀忠と家光に面会して、家光の家督継承問題が解決しました。

春日局は隣室のお勝の方（英勝院）に、家康への口添えを頼んだかも知れません。その頃は、お勝の方は甲冑をつけ大坂冬の陣も大坂夏の陣も陣中にあり、家康の政治上のパートナーといわれていたのでした。

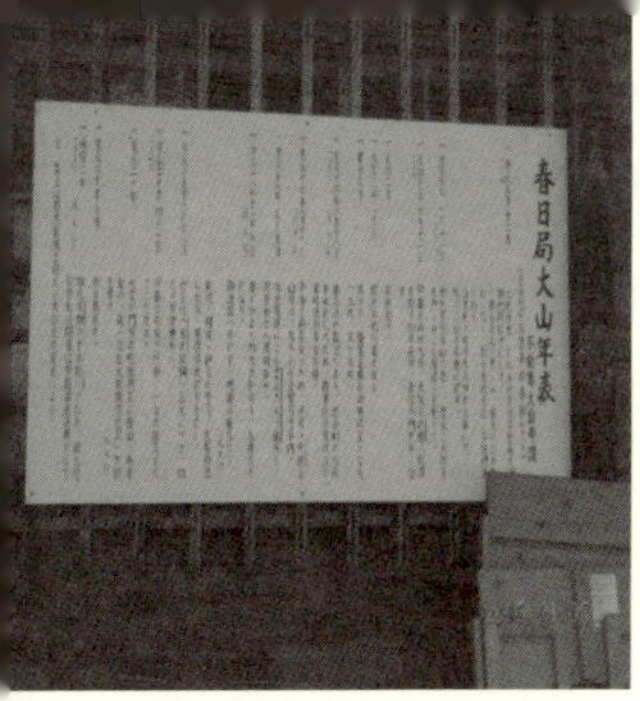


（写真59）大山寺春日局年表

大坂夏の陣の勝利祈願のために、慶長20年（一六一五）春日局は大山に参詣しますが、これは世継ぎ問題の御礼の意味もあったと思われます。相模風土記では上記の慶長19年の風説以外2回の正式な記録（写真59）があります。

1回目は大奥取締役として寛永17年（一六四〇）に大山寺の造営に伴う将軍代参、及び家光夫人お楽の方の子授け祈願のため、61歳で参詣しています。

2回目は寛永20年（一六四三）大山寺造営成就のお祝いに家光の代参として参詣しました。この時64歳で、この年亡くなります。

前記の慶長の風説の2回はいずれも35歳と36歳です。60歳代で突然参詣するとは思われないので、乳母の時の30代の頃から参詣していたことが考えられます。その頃は記録には残りません。あるいは、家康と関東を駆け巡ったお勝の方と道灌の墓や大山寺に来たことがあったかと思われます。そのことがあり、天皇からいただいた春日局になっても、大山寺も当然のように受け入れたと思われます。

また、64歳で参詣するのですが、相当具合が悪い中、参詣したことは考えられます。特別の思いが大山寺にあり、家光の代参を、家光も許したと推測されます。これは将軍の世継ぎ問題祈願での貢献以外考えられません。家光も大山寺を祈願寺にしています。その意味では家康以来の家光幕府を開設したという思いがあったのでしょう。

## 春日局の祈願成就の御礼詣りが大山を隆盛に導いた（地図5）

当時の大山参詣は上粕屋の子易明神から石段でした。道も狭い中、大名駕籠《かご》を担ぐのは相当大変です。当時の記録では、「到着前にまず観音寺で服装を整え、八大坊の下屋敷（現在の社務局）に入った」とあります。おそらく祈願等は下屋敷で行ったと考えられますが、どのように登ってきたか不明です。若い時は数名の供の者と着物の裾をからげて、自分の足で登ったこともあるでしょう。

別所町に「春日局御手植えの松」という遺跡があり、私も小学生くらいの時に見た記憶があります。そのくらい、大山では春日局は知られた存在でした。また、小田原藩を孫の稲葉氏が所領することで、大山寺を結ぶ縁が深かったと思われます。春日局はこのように深く大山を信仰し、「関東一円の農民に大山信仰を呼びかけた」と伝えられているのです。

上粕屋にある道灌の墓についてもお勝の方と話したと考えられます。

津軽越中守信牧が将軍秀忠の命により、元和7年（一六二一）に大山に代参して祈願しました。このことが天下に大山寺を広め、武士階級層から庶民に波及して、参詣者が増加したといわれています。2年後に家光が将軍になりました。

特に庶民の中に「お伊勢参り」が定着し、大山参りと伊勢参り。大山参りと江の島参りなど、現在でいうツアーの始まりのような状況が生まれました。大山門前町が整備され、宿坊が多数生まれ、元和5年（一六一九）に伊勢宇治山田の曾右衛門《そうえもん》、鎌倉の湯浅清左衛門《せいざえもん》らが成瀬五左衛門《なるせござえもん》の許可を受け伊勢原村を開きました。このことで、大山街道が伊勢原村に集まり、大山に登る入り口になり、現在に続いています。

## 家光は大山寺を祈願寺にする

徳川家康は慶長8年（一六〇三）に幕府を江戸で開くにあたり、北条に加勢した大山寺の仕置きを行い、15年後に一山大改革を推し進めました。大山寺は徳川家の祈願寺として、関東高野山の地位を得ました。第三代将軍家光は慶長8年（一六〇三）に生まれました。竹千代と称し「生まれながらの将軍」です。将軍継承の問題があったために、家光が幕府

（写真60）徳川家光再興扁額
「寛永の大修理」で再興をする

を開いた意識が強いと思われます。武断政治をしめくくる、徳川3代将軍家光の施政が、元和9年（一六二三）に始まります。

寺社奉行安藤重長、松平出雲守が幕命により寛永15年（一六三八）に大山寺造営の調査をしました。安藤らの調査に応じて、幕府は寛永16年（一六三九）大山寺造営のため黄金1万両を大山寺に贈りました。現在価格に直すと1両10万円で10億円になります。

寛永17年（一六四〇）の3代将軍家光による大山寺再興のための「寛永の大修理」に着手しました。江戸庶民に歓迎され、大山詣でが普及しました。同年には春日局が家光の子授けのため代参し祈願しました。この時はお楽の方（第4代将軍家綱の生母）の懐妊のためでしたが、寛永の修理の状況を見に来たのでしょう。

大山寺、石尊社の造営が寛永18年（一六四一）に完成し、入仏供養を行いました。家光からは灯籠、梵鐘及び扁額（写真60）を受けました。この扁額は現在大山寺に掲げられています。大覚寺門跡知足院が家光の代参で納めたことになっています。同年には巨鐘が鋳造されました。家光の世継ぎが寛永19年（一六四二）に誕生しました。竹千代（家綱）の代参として知足院法印栄増が大山寺に参拝しました。

寛永20年（一六四三）4月、家光の代参で春日局が参拝しました。一山の供僧におよそ18万両（36億円）を奉納しました。9月に春日局が没します。墓所は文京区と小田原にあります。息子は小田原城主の稲葉正勝です。養子は佐原藩の堀田正信です。のちに堀田家から太田道灌の子孫の掛川城主太田家に養子が出ました。

家光は慶安4年（一六五一）に亡くなりました。世継の家綱が四代将軍となりました。家光の弟の保科正之が補佐役となり、武断から文治政治に政策を変えていきました。寛文6年（一六六六）家綱時代に大山に大洪水が起き、幕府により坂本村と子易村の換地として、このとき大山町新町が発祥しました。

## 家光の側室の玉の輿の語源のお玉の方と権力闘争

家光の母は秀忠の正室、お江《ごう》の方です。春日局は世継ぎのために「大奥のシステム」を作りました。正室の鷹司《たかつかさ》孝子に子ができなくて、側室1号のお振の方は長女千代姫を生みます。

お楽の方は死刑になった猟師の娘で男子を出産し、4代将軍家綱になります。お夏の方はお末として将軍の湯あみ中に側室になり、次男の甲府宰相綱重《つなしげ》の長松を生みました。綱重の長子が6代将軍家宣となりました。

お万の方は京都公家の生まれで、慶光院の住職として江戸城にきました。慶光院は還俗して側室になりお万の方になりました。春日局没後の大奥を継承します。

お玉の方は八百屋の娘で渡来系と言われています。お万の方の部屋子として大奥に上がり、春日局に見出だされ、その部屋子になり側室となりました。お玉の方が生んだ家光の3男徳松は、のちに館林25万石の城主になり、さらに第5代将軍綱吉となります。

家康、家光に次いで新たな幕政を開いた徳川綱吉（一六四六～一七〇九）は、若くして亡くなった第4代将軍家綱（一六四一～一六八〇）の後をついで、第5代将軍（在職一六八〇～一七〇九）となりました。しかし、綱吉は本来、将軍にはなれない経歴であったのです。家綱に継嗣がいない上に、次男の綱重はすでに死亡していました。それで、館林城主であった3男綱吉に将軍が回ってきたのです。これも、春日局の遠慮深謀があってのことと考えられます。

生母お玉の方（一六二七～一七〇五）は京都の八百屋の娘で母親と野菜を売っていまし

たが、母は渡来系といわれたいへん美しかったそうです。それを見初めた武士の後妻となり運が開けました。武士の縁戚の公家の娘が尼寺の住職として江戸に出るにあたり、13歳で身の回りを世話する侍女として、江戸に出たのでした。家光に見初められ住職が還俗し、側室のお万の方になると、お万つきの部屋子になりました。春日局がその美貌に目をつけ、14歳で自分の部屋子にしてしまいます。春日局は教養を身に付けさせてお玉18歳の時、家光の側室にするのでした。

長男の亀松を正保2年（一六四五）に生みますが早世してしまいます。翌一六四六年に、のちの綱吉になる徳松が生まれました。当時のライバルはお夏の方（一六二二〜一六八三）でした。正室鷹司孝子の京都時代からの侍女で、家光の湯あみの時に御手付きになり、お夏の方として側室になりました。

家光40歳の正保元年（一六四四）にお夏の方から次男長松（綱重《つなしげ》）が生まれました。お玉の方とは犬猿の仲で綱吉の死後、お夏の方の孫の甲府宰相の綱豊が6代将軍家宣《いえのぶ》に成りました。その子が7代将軍家継《いえつぐ》となるのでした。このように徳川家の跡目争いが続いたのでした。

## 綱吉政権は大山寺を祈願寺にする

綱吉の将軍承継が決まる前、大老酒井忠清は公家系の正室鷹司孝子とお夏の方の意を受けて、鎌倉幕府にならい朝廷から有栖川宮幸仁親王《ありすがわのみやゆきひとしんのう》を将軍として迎えることで進めたようです。しかし、延宝8年（一六八〇）に春日局の養子、堀田正俊《ほったまさとし》（佐原藩）は局の部屋子であったお玉の方に味方し、綱吉を将軍に付けました。

当時大奥の総取締役お万の方も当然お玉の方の味方だったでしょう。大老酒井の失脚により、堀田正俊が大老になりました。このとき、成田山新勝寺を佐原藩の祈願寺にしました。この事件は幕府と有栖川家の確執の最初のことでした。幕末の皇女和宮の許嫁が有栖川宮熾仁親王《ありすがわのみやたるひとしんのう》、十五代将軍徳川慶喜の母の実家が有栖川家、さらに幕府征討将軍有栖川宮が徳川幕府を倒す終結の事件になるのでした。

お玉の方は寛永17年（一六四〇）、寛永20年（一六四三）の春日局の大山参拝には部屋子として行ったと考えられます。その後、記録にはないのですが春日局にならい、綱吉を将軍にと祈願したことも考えられます。

## 「生類憐みの令」は世界最初の革新的動物愛護の政策

貞享4年（一六八七）に「生類憐みの令」がでました。お玉は京都の八百屋の娘でしたし、大山の参詣などでも市井に通じていました。また、戦国後の老人、捨て子問題を憂えていました。犬が捨て子を食べる事件があり、増える一方の捨て子の救済を綱吉に勧めたといわれています。筑波山知足院（真言宗）隆光が勧めたことになっていますが、真言宗では犬は不動明王の使いと言われていました。

お玉の方も承知していて、中野の犬屋敷を造り、犬を殺さずに1か所に10万頭を集めたそうです。また、当時の江戸庶民には犬を食べる習慣がありましたが、この法令後は犬を食べる習慣がなくなったそうです。

綱吉は学問の奨励のために湯島聖堂を創建し、儒教の推進をしました。学問好きの綱吉の文治政策のひとつと考えられます。英国では動物愛護を一七八一年に法制化しましたが、綱吉はそれより100年早いのです。「生類憐みの令」が発布され、犯罪の激減と捨て子の減少があったそうです。

現在では綱吉の生類憐みの令は良法といわれ、実際には動物を殺して死刑になった人は少ないといわれています。むしろ長崎で密売の罰として死刑になった人の方が多かったそうです。その批判は武断から文治への政策変更で、武士の怒りを買う形になったのでしょう。また、綱吉政治を嫌い武士の復活を願う、一部階層の批判がダメ法との評価になっているのでしょう。赤穂浪士の仇討ちが元禄15年（一七〇二）でした。

綱吉は市井に通じ、庶民の声をよく聞いていたようです。元禄6年に大山寺の大堂改築の御礼に、八大坊が江戸城にうかがいます。綱吉に謁見して改築状況の報告をしています。大山寺の別当職に直接将軍が話をすることなどないことであり、その後もありません。綱吉が自ら話を聞きたいということでなければ実現しなかったことです。このように、将軍としてはかなり異色ですが、庶民の生活を大切に考える将軍だったのでしょう。

家光までの武断政治から文治政治への変換は、「仁の心」で持って行こうという、社会的弱者を救済する世界的な先進政策でした。綱吉時代は元禄16年（一七〇三）の大地震、江戸の大火や宝永の大地震や富士山の宝永噴火（一七〇七）、さらに飢饉と災害がつづきました。

その対応をするために幕府の蓄財を支出し、インフレ政策をとりました。そのため、幕府の財政は疲弊しました。綱吉の10年間はインフレ政策で物価上昇年率3％ということでした。現在では理想的な政策になりますが、江戸時代の緊縮経済・デフレ政策のもとではとんでもないことだったのでしょう。しかし、江戸に繁栄をもたらした元禄時代は、実は綱吉のインフレ政策によるのでした。その恩恵は大山参りの第一次最盛期となり、大山文化の種がまかれていったのでした。

## 吉宗は大山寺を祈願寺にする

6代家宣、七代家継の後の、8代将軍吉宗は、徳川御三家の紀州から迎えられました。享保元年（一七一六）に33歳で将軍に就任します。紀伊藩主でしたが、徳川宗家の8代将軍に成るような生まれではなかったそうです。しかし、民の生活に通じ優れた政治手腕を持っている、たくましい将軍でした。綱吉の出費で傾いた幕府の財政を立て直していきます。綱吉の文治政治ではなく、武断政治への復帰を目指して、将軍権威の強化に努めました。

大山にとっては、家康、家光、春日局、綱吉以来の庇護者が現れ、次の時代に続く大山最盛期を迎えます。享保4年（一七一九）に放火により石尊社が焼失しましたが、翌、享保5年（一七二〇）将軍吉宗が再建してくれました。大山能の創始者の貴志又七郎は宝永

7年（一七一〇）に亡くなったのですが、吉宗の父親の徳川光貞のお抱え能役者であったことは、家臣から聞いて知っていたと思われます。このことも大山と吉宗との関係に良い状況を作り出していきました。

## 第二の大山文化が花開く100年間

11代将軍徳川家斉（一七七三〜一八四一）は、吉宗の後再び逼迫《ひっぱく》していた幕府財政を松平定信による寛政の改革によって立て直し、文化、文政の庶民の時代を造りました。大山も田沼意次時代には、安永3年（一七七四）の門前町の火災や寛政3年（一七九一）の大水害の土石流による流失、天明2年（一七八二）の大山付近の地震と不幸が続きましたが、この時代に大山文化が一気に花開いたのでした。

家治、家斉、家慶、家定の10代から13代時代の100年間は江戸時代の文芸、文化が花開いた時代であり、庶民の時代でもありました。大山も浮世絵や俳壇、能と、大山参りとともに第二の最盛期を迎えました。江戸の豪商三井高邦らが宝暦4年（一七五四）に大山に参詣し、豪商の遊びの楽しみ方の一つになりました。三井家のような豪商は江戸から駕籠をしたて、遊ぶ道具を持参して、大山で茶会や句会を開き、大散財をしたそうです。9

代将軍家重の時代の一七五一～一七五三年が、大山参詣の最高潮期となったといわれています。

## 大山参詣はどのように行われたのか

大山は武士の時代には祈願寺として、頼朝の鎌倉幕府、足利尊氏の室町幕府、北条早雲の北条政権、徳川家康の徳川幕府と、歴代幕府の祈りの地となりました。この時代は貴族や武士階級の参詣はされていましたが、庶民がこぞって参詣するような状況ではなかったのです。

いつごろから庶民の大山参詣が始まったかは資料にありません。門前町の形成は、一つには、お寺にお参りする人たちが立ち寄り、宿泊する必要性があるからです。さらに、お寺やそこに従事する人たちの食糧や僧衣類などの生活物資を供給する基地としての役く割りです。人が集まり、宿泊することで、ビジネスが始まるのです。

お寺ができて、有力者が寄進して、信仰心から人が集まり、街道ができ、そして門前町ができ、それを目当てに商売が起こると考えます。集客のためにパンフレットが作られ、さらに人が集まり、能や舞や俳句などの文化が芽生えます。その伝でいくと、武士の祈願寺を庶民が知り、自分もその御利益にあずかろうということが起こります。武士中心から庶民へと、祈願寺の形が変わっていくことになります。

歴史的に見れば、北条時代の頃までは僧や修験者や僧兵や武士が参詣をしていたようです。足利尊氏の備中笠岡の陣に大山寺から参戦している頃は、千軒の僧堂と民家があったようです。

徳川時代に入り、本格的な民間による大山の参詣が盛んになったのでしょう。家康が初代学頭にした、法印実雄は12年在職し、2代目実栄は8年在職しました。この20年間がちょうど徳川幕府の創成期で、大山の門前町の形成期から拡張期に当たります。

元和7年（一六二一）に津軽越中守が2代目将軍秀忠の代参で大山寺に参詣したことが、大山の名を広く知らしめることになりました。3代目学頭の賢隆が20年間にわたり、経済的な大山寺経営を行い、寛永10年（一六三三）に、幕府の支援を得て「寛永の大修理」を達成したことでさらに民に浸透していきました。

春日局が竹千代（家光）の代参としてお参りをしたのちも、数回にわたり大山に参詣したことで、庶民の「大山詣り」に勢いをつけ、春日局が「関東一円の農民に大山信仰を呼びかけた」ことも、綱吉時代の元禄期第一次最盛期へとつながったのでした。吉宗が和歌山から8代将軍に就任すると、庶民の文化が花開き、能をはじめとして大山文化が開花し、第二次最盛期を迎えたのでした。

## 伊勢参りと大山参り

2代将軍秀忠の晩年の元和年代（一六二〇年頃）に伊勢踊りや、伊勢参りが盛んになってきました。寛永年代には伊勢参宮の講ができ、仲間内でお金を積み立てて、代表が伊勢参りをすることが流行ったようです。慶安3年（一六五〇）頃にはおかげ参りが大流行したそうです。

大山参りはこの伊勢参りと関係が深く、元和5年（一六一九）に伊勢の人が伊勢原村を開いた時には、すでに相当の人が大山にお詣りしていたのでしょう。元和5年には箱根の関所が置かれました。このことは、幕府による何らかの行政上の規制が関係しているかも知れません。

寛永20年（一六四三）の春日局の参詣の頃は、参詣者の服装も華やかになって、幕府から「伊勢と大山参りに布団を重ねて馬に乗ることを禁ず」というお達しがあったそうです。伊勢より大山は江戸に近く参詣者の数も多く、山内が整備されたことで、大山と蓑毛の門

（写真61）大山阿夫利神社下社
旧大山寺跡に建つ拝殿ともいう

前町も整備され、さらに参詣者が増えたようです。

江戸の時期に街道が整備され、主な8街道に宿場や渡しができたので、さらに参詣しやすくなったようです。この頃大山と子易で宿泊者をめぐり取り合うという争いが起きたほどです。子易の易往寺を拠点に30年余り大山信仰の布教活動をしていた、微笑仏《みしょうぶつ》で有名な木喰《もくじき》上人が、安永2年（一七七三）56歳で伊勢原片町から全国行脚の旅に出ました。これが、全国に大山信仰を広めるきっかけとなりました。

「富士大山道中雑記」など、大山参りを題材に、大山寺や参道の様子、土産店や旅人の散財の様子が面白おかしく書かれるようになりました。

大山の夏山は20日間ですが、最高潮の宝暦3年頃（一七五一～五三）の参詣者数は、20万人といわれています。おかげ参りの盛んな天保の頃の参詣者数は、天保2年（一八三一）夏で9万人から10万人いたそうです。大山参りは20年に一回の伊勢の式年遷宮へのおかげ参りと影響しあったので、式年遷宮の後はお参り人数が増加したようです。この様子は浮世絵に描かれています。

大山詣りは現在の阿夫利神社下社拝殿（写真61）の大山寺と山頂の石尊社に参詣します。江戸時代でも神仏習合が受け入れられていたことがわかります。

## 縁起かつぎの両参りか三山（富士山、大山、高尾山）参り

江戸時代の2大旅行の伊勢参りと富士登山は庶民の唯一の娯楽でした。幕府政策の「入り鉄砲と出女」による自由通行を規制する関所はたいへん厳しかったようです。その中ではこの2大イベントに関しては、江戸から唯一遊覧でき遠出できることになります。江戸庶民はそれぞれ講を作り、その名のもとで関所を越えられたそうです。

大山詣りは矢倉沢の関や箱根関所を越えなくて済む範囲であり、大山と高尾山が関係しています。お山参りには「片参り」といって、大山だけや富士山だけに登山することは縁起が良くないとされました。「両参り」といって富士山と大山に登るか、富士山と大山と高尾山の「三山参り」が、縁起が良いとされていました。富士講と大山講（写真62）は重なることが多かったようです。楽しみを見出す庶民の知恵が生きています。

大山街道は地域によっては富士道ともいいます。関東一円から大山を目指し、富士山に登る。また、富士山の帰りに大山から江の島などで遊興をすることが、ツアーの楽しみの

（写真62）浮世絵の富士と大山
高麗山、富士山、大山が描かれる
安藤広重「東海道五十三次平塚」

一つになっていたのでした。浮世絵がさしずめ旅ガイドのパンフレットといえるでしょう。

富士山に行くには甲州街道を高尾に向かい、高尾山にのぼって、小仏峠に戻り、小仏の関を経て甲州街道から富士吉田で浅間神社にお参りし、富士山に登ります。帰りは足柄峠から矢倉沢の関を経て関本に出て、大雄山最乗寺《だいゆうざんさいじょうじ》にお参りし、曾我から蓑毛を通り大山に登り、大山寺から坂本町、子易から矢倉沢往還で青山見付御門に向かいます。または、田村から四谷を経て江の島で遊び、東海道を品川大木戸に帰っていきます。富士山、大山、高尾山には富士道や大山道の名前が各所に残っていますが、江戸時代の三山参りが関係しているのでしょう。大雄山最乗寺は糟屋で生まれた了庵慧明禅師《りょうあんえみょうぜんじ》により開かれました。

天保10年（一八三九）の「富士大山道中雑記」では、富士登山をしてから相州足柄の大雄山を参詣し、大山に蓑毛口から登山をし、荷物は宿泊先の子易の大津氏宅に馬で送らせています。その中で大山の風景が書かれています。このように、すでに江戸時代の人は宅配便のように荷物

（写真63）板まねきと布まねき
板まねきの名前を見るのも楽しみ

を預けたことがわかります。富士山と大山登山では同じようなことが頻繁に行われていたことがわかるたいへん面白い記述です。

## 大山講とはどんなもの

関東一円から富士山に行くには相当の日数がかかり、費用もたいへん掛かりました。そこで、江戸庶民は同じ目的を持つ者たちが積立金をして、その中から抽選で代表者を選んで、お参りに行くことにしたのでした。その積立金をする仲間を講といいます。

講には「講元」がいて、登山の経験者の「世話人」、実際に富士山や大山に連れていってくれる「先達《せんだつ》」の役職者のもとに、講員が集まり、毎月積み立てをするのです。講は富士山だと吉田宿、大山だと坂本の「御師《おし》（現在、大山は先導師《せんどうし》）」を探し、毎年決まったその宿で泊まり、登山の支度やガイドをしてもらうのです。御師は講から玉垣や石碑の寄贈を受けて建立します。それらを見るとどこの講が滞在するのか一目瞭然となります。また、御師の宿の前に「まねき」（写真63）を掲げるのです。

江戸時代には吉田宿には89軒の御師があったそうです。大山には最大165軒以上の御師がありました。平成27年で吉田の御師は18軒になりました。同じように大山でも35軒に減少しています。

御師は祈禱師からきていて、出発前には宿で祈禱をして、無事を祈ります。帰りには「祈禱札《きとうふだ》」を出して、1年の幸運を祈ってくれます。御師の家には必ず、「祈禱所とみそぎの場」があり、一行は「白の行衣」に着替えて、「六根清浄《ろっこんしょうじょう》」の掛け声のもと、先達にひきつれられ、お山に登っていくのでした。御師は毎年、祈禱札を持って、講をめぐり、山開きの期間中の各講のスケジュールと人数の確認を行うセールスをしてきました。この講の仕組みは富士講も大山講も同じだそうです。

## 大山に関する江戸時代の出版物

賀茂真淵《かものまぶち》（一七六九年没）が7月（年度不詳）に江戸から故郷の遠江に帰った時の紀行「岡部日記」に、「…大山は今もふりそうな雲の振る舞いなり。この山ぞ、あふりの神にておはします。

『藤沢や　野沢にごりて　水上の　あふりの山に　くもかかるなり』」と記されています。《藤沢の野川がにごっているのは、川上の大山に雨降りの神がいて雨を降らすからだろう。今もお山に雲がかかっている。》

天明6年（一七八六）に小川氏によって『大山寺社魂丸裸』が刊行されました。また、寛政4年（一七九二）に養智院前住職心蔵が『大山不動霊験記15巻』を刊行して、大山寺の全貌や信仰の状況が明らかになりました。

寛政9年（一七九七）『東海道名所図会』が刊行されました。その巻5に、「雨降山大山寺、相州大住郡大山の嶺にあり、真言宗修験道、別当八大院、そのほか坊社18院、御師150余あまり、また、蓑毛村に15余り、みな修験なり、……ここに鳥居あり。前不動まで二十八町、坂道の両側に民家は軒を連ねて、御師の家、旅舎、茶屋あるいは名物の挽物店多し。坂道はみな階段にして、総数一万五千余もあり。……山麓より頂嶺まで、平地が無くて、巌を並べて段々とし、左右に民家相連なり、その中に山中の御師多し、……毎年六月二十七日より七月十七日を限り路を開けば、江府の詣人稲麻のごとく、近国近郷の登山竹葦に似たり、旅舎は所せきまでこみ合い、山野の茶屋は、その地の産物を出して商う……」

この記述から大山寺の様子や山道、民家の様子、山開きの混雑ぶりがよくわかります。

文化14年（一八一七）には滝亭鯉丈により、享和2年（一八〇二）刊行の十返舎一九の『東海道中膝栗毛』をまねて、『大山道中膝栗毛』の初編が刊行されました。

「浅草の八丁堀九丁目に、百福屋の徳郎兵衛とてが我てもなくまた雅でもなく遊人であり、頃は六月中旬過ぎ、かの相模なる大山に参詣せんと、ふと思いたち同じどふらくものの、福やという子ぶんをつれ、旅の用意もそこそこに立ち出る……。」（浅草の百福屋の徳郎兵衛さんは言うまでもなく、風采も立派でもない遊び人です。ふと思い立って、子分の福やという子をつれて、大山参詣に旅立った。……）また、「大山参りは銭持ちだ、石尊参りは金持ちだとそやして　たてられまきちらす」

当時の道中のお参りの人の散財の風習を面白おかしく記述しています。

天保11年（一八四〇）の相州村岡の人の『相中留恩記略《そうちゅうりゅうおんきりゃく》』では大山門前町の記述が詳しいのです。

「例祭は6月27日から7月17日までの間は本宮（石尊社）へ参詣を許す。平日は禁足の地なり。祭礼中といえども女人は禁制にして、登山は許さず、諸用の道俗群集すること櫛歯を引くごとし、中でも盆中はまことに賑わへり、世俗これを盆山というなり、……」

開山期の大山及び門前町の状況を記しています。天保10年（一八三九）に『新編相模国風土記稿』が刊行されました。大山についてありとあらゆる角度から分析、克明に記述されています。嘉永2年（一八四九）には「大山阿夫利神社古伝考」が刊行されました。現在は7月27日の「開門の儀式」で登拝門の扉が開かれ、扉が閉まる8月17日まで開山しています。大山の夏山は旧暦では6月27日から7月17日まででした。

## 江戸時代から現在に通じる大山街道

大山街道は関東一円の四方八方から、放射状に大山に向かってくるようになっています。これらの道は倭建命の東征の道や鎌倉街道、太田道灌の関東平定の道でもありました。各々の街道の入り口には道標と大山不動の石碑が立っていて、街道の次々には「是大山街道」とか「大山方面」などの道標が立っています。

江戸時代の主な大山街道は、富士山と関係がある富士道と江戸、武蔵、甲州からの大山道に分けられます。甲州からはふじ道と関係が深いようです。武蔵からは八王子道、府中道があり、江戸からは青山道（矢倉沢往還）、東海道から柏尾道、田村道、平塚道、羽根

（写真64）高尾山中腹の大山橋
昔は石橋で大山街道の起点

尾道、小田原道がよく使われたようです。それ以外の大山街道もあります。

1、甲州からの大山道

富士大山浅川口街道は、高尾山の中腹にある大山橋（写真64）を起点に、富士山大山の街道は現在の高尾山の6ルートになります。このルートは山中湖から陣馬峠を越えて、高尾山を経て、甲州街道の町田街道入口を右に回り、浅川から大戸橋をわたり、久保沢を経て、倭建命を祀る石楯尾神社のある大島から小倉の渡しで相模川を渡り、八王子からの大山道と合流するか、船でそのまま南下し、厚木の渡しから矢倉沢往還に合流します。

吉野口大山道は、甲州街道の吉野宿から青野原、宮ケ瀬、煤ケ谷の裏丹沢といわれるルートを七沢から日向を経て石倉に至る山間ルートです。

八王子大山街道は甲州街道の八王子から橋本を経て、田名の渡しで相模川を渡り、萩野から小野に出て、富岡で多くの街道が合流する石倉から大山に登ります。

（写真65）中山道から志村追分清水坂を下り川越街道から府中に向かう大山街道

## 2、中山道、川越街道の武蔵からの大山道

ふじ大山道は武蔵の人が富士に行く道でもあります。

川越街道254号線の下練馬に大山街道の道標があります。石神井川を渡り、谷原《やわら》に大山道の表示があります。ほぼ環状8号線を南下し、府中に向かい、府中大山道に合流します。

中山道を経て川越街道から富士大山道に入る道もありました。板橋区大山町の由来は、中山道と川越街道と富士大山道の分岐点だったからです。都道420号はここから渋谷区大山町を経て三軒茶屋に出ます。武蔵からの中山道、川越街道を渡る志村追分の富士大山道（写真65）のように大山街道の道標は各所にあるようです。

武蔵秩父日高・飯能大山道は高麗王若光の大磯から日高に向かった道でもあります。日高・高麗川から飯能宮沢村を経て、入間川を阿須の渡しで渡り、入間、金子から瑞穂、箱崎を経て、八王子大山道に合流します。

府中大山道は大國魂神社境内（武蔵国府跡）から発する府中街道を始

(写真67) 三軒茶屋追分道標　青山道追分で矢倉沢往還と大場代官屋敷から大山に

(写真66) 青山道起点の赤坂御門見付跡に大山街道起点のレリーフ古道では矢倉沢往還で富士山に

点とします。江戸時代には高札場があり、その史跡が残っています。中川原の御嶽神社（倭建命）を経由し、関戸で八王子大山道と合流します。

3、江戸からの大山道

江戸時代に最も賑わった大山街道である、青山大山道（矢倉沢往還）は赤坂見付御門（写真66）を起点に、赤坂氷川神社、宮益坂、三軒茶屋追分（写真67）、二子の渡し、溝口と現在の246号線とつかず離れずして西に向かい、厚木で相模川を渡り、粕屋から大山に至る道です。各所にそれぞれ道標が残り、地図にも大山街道と書かれているのでよくわかります。

追分と言われた三軒茶屋から別れ、現在の世田谷通りをいき、世田谷の大場代官跡を抜けて、鶴川街道から相模原の当麻《たいま》を経て、猿ヶ島で相模川を渡り、中津工業団地を通り抜け、恩名から小野を通って富岡に至る道も使われました。

4、東海道からの大山道

東海道から分かれる街道は6道あり、平塚からは2つの街道が知られ

（写真68）戸塚不動坂柏尾前不動
東海道不動坂頂点の右手から大山街道に。道標は十二代目石長

（写真69）藤沢四谷不動塚
東海道四谷の一の鳥居前に不動堂

（写真70）国府津羽根尾不動　東海道羽根尾に建つ。写真の坂を上がって六本松跡へ

ています。

柏尾大山道は戸塚の柏尾町の不動坂の頂点を右に折れると、前不動（写真68）があり地元の人に今でも祀られています。道標は鎌倉の石長12代目による立派な石碑が立っています。矢部から三ツ境、大和と通り、海老名を経て戸田の渡しで相模川を渡り、糟屋で青山道と合流します。

四谷田村大山道は藤沢四谷に一の鳥居と不動堂（写真69）の石碑があり、街道起点として地域の人に祀られています。四谷から寒川神社を経て、田村の渡しで相模川を渡り沼目に至る道で、途中に倭建命が大山を御嶽と仰いで懐かしんだという腰掛神社があります。

青山道（矢倉沢往還）大山道で大山に往くには赤坂見附で江戸を出て、青山道（ほぼ現在の２４６号線）を大山に向かいます。大山にお参りしたあとは、帰り道を藤沢の四谷辻に出て江の島で遊ぶのが江戸の粋でした。江の島からは東海道で品川大木戸から江戸に入ります。このルートが「大山まいり」の落語の世界です。

国府津の羽根尾大山道は小学校前の1号線に不動道標石碑（写真70）

（写真71）飯泉観音（勝福寺）
小田原から酒匂川を渡ると立つ飯泉観音は小田原道起点

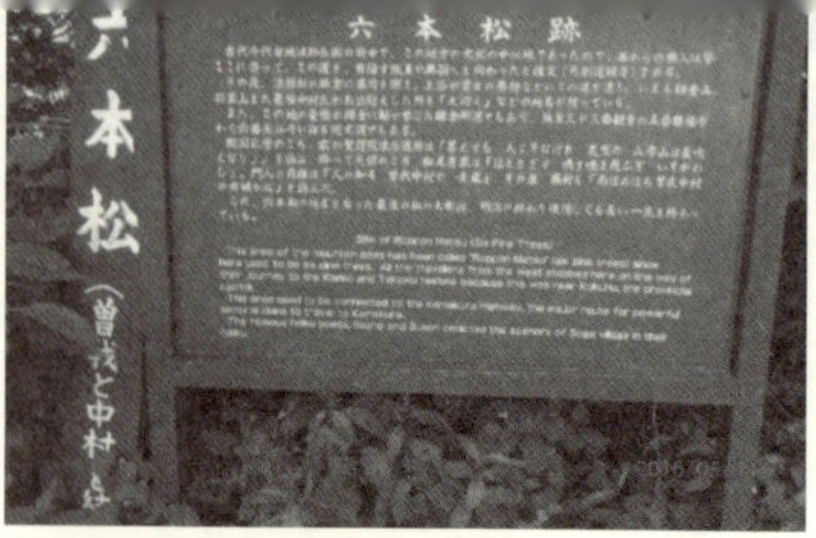


（写真72）師長国府六本松跡
小田原道と羽根尾道の合流点で、中井を経て蓑毛に至る

が立っています。桜馬場を経由して、磯長国国府跡になる六本松跡から井ノ口を経て、曾屋に抜ける街道です。

小田原からの大山街道は酒匂川をわたり飯泉山勝福寺（飯泉観音）（写真71）、八幡神社を起点に曾我から六本松跡（写真72）で羽根尾大山道に合流するルートです。

5、富士からの帰り道と西から向かう大山道

富士浅間口大山道は須走から足柄峠を越え、大雄山に登り、関本、松田惣領を経て、田原から蓑毛の大日堂から大山山頂へのルート（写真73）です。

西からの大山街道は、秦野市名古木の倭建命が腰を掛けて大山を御嶽と称した石座神社を経由して、蓑毛から大山に登りました。大山から富士山や伊勢神宮に向かうには反対に大山、蓑毛、国府津、小田原などに向かい、西に旅をしたのでしょう。

6、平塚や近在からの大山道はたくさんありました

須賀糟屋大山道は「大山千軒、須賀千軒」といわれた相模川河口の須

(写真73) 蓑毛大山道
古くは大山の本道であった、
大日堂と木食上人の墓がある

賀港を起点としています。平塚新宿を経て、真土、横内、上谷を経て小稲葉、糟屋、石倉に向かいます。伊勢原藤沢線とほぼ同じルートです。

中原豊田大山道は平塚本宿からは中原、豊田本郷、小鍋島を経て上谷で糟屋大山道と合流します。現在の伊勢原・平塚バス路線とほぼ同じルートです。

平塚からの2道は伊勢原を通り、糟屋、石倉で東からの街道と合流し、大山に登りました。江戸時代の多くの旅人が利用した大山街道ですが、現在でも交通路として利用されています。

これ以外にも脇道も多く存在して、大山講中によってそれぞれ使う街道に違いがあり、また伊勢参りや富士山登山に向かう往路や帰路によって大山街道に違いがあるようです。大山町のように地名で大山と残る土地は大山街道と関係あるところが多いのです。

## 江戸期の大山門前町の発展

徳川家康の大山寺の粛正時は、「修験3、師職兼帯5、師職166、承仕4、工匠（手中明王太郎）」とあります。この人たちは山内に住んでいたため、慶長10年の家康の命により下山して、皆、師職《ししょく》になりました」とあります。この頃から、山に住んでいた修験者や僧たちと既存の集落を構成していた人たちが合流して門前町ができたと考えられます。元禄年間には「町家千余戸神徳繁栄の地なり」といわれ、大山千軒、須賀（平塚市）千軒と伝わっていました。私が子供の頃に祖母からよく聞いた話です。

元和5年（一六一九）伊勢宇治山田の曾右衛門と鎌倉の湯浅清左衛門によって、伊勢原村が開かれました。両人とも千手原（伊勢原）で野宿をして、水源があることを知り、幕府支配成瀬五左衛門の許可を得て開発に着手しました。伊勢原は近畿地方から多くの人が集まり、商店の屋号にその名残が残っています。伊勢参りと関係があったのでしょう。

天保12年（一八四一）の風土記によれば、伊勢原の戸数は106でした。大山は311戸数で、子易が122戸数でした。糟屋は229戸数でした。三ノ宮、笠窪、善波で207戸数でした。明治時代に伊勢原に入る、小稲葉は123戸数、沼目が154戸数で伊勢原より多かったようです。江戸期は35か村あり、伊勢原は集落としては成立がおそくなっています。

明治初めの神仏分離令に伴い、大山寺から阿夫利神社になり、「御師」から「先導師」

に変わりました。大山不動明王の札から阿夫利神社の祈禱札に変わり、檀家のみなさんに配って大山信仰の普及につとめました。権田直助の「開導記」には、先導師数は大山に１１２戸、蓑毛に９戸ありました。檀家数は12府県１４９郡で90万９７４３戸であったそうです。全国に拡がる大山講の規模がわかります。

大山の先導師のみなさんは祈禱札を持って、檀家を回りました。東京の下町の墨田区や江東区などの地域で、暑い日照りの中お札を配る、大山の先導師の方々にお会いしたのを思い出します。先導師の人達は普段は旅館を営んでいましたが、神職の資格を取るために、大学で学んで国語や社会の先生になっていました。私は小学校の時大山出身の担任の先生に教わり、中学校で教わった先生は半分くらいが大山に住む先生でした。私の兄は高校まで大山出身の先生だったと、話していたのを思い出します。

## 大山能は現在も続く

伊勢原町勢誌によれば、大山能の起源は元禄16年（一七〇三）に大山寺の第6代学頭開蔵が、山内融和のために、紀州浪人の貴志又七郎《きしまたしちろう》を大山に迎えて、神事能を興こしたそうです。伝承では、貴志又七郎は紀州藩祖の頼宣のお抱え能楽師の貴志喜太夫と同一人物と

（写真74）貴志又七郎の墓
紀州の人で大山能を伝え育てた

いわれています。本人でないとすれば、貴志喜太夫の系統であったのでしょう。喜太夫は元禄7年（一六九四）に大坂の勧進能の興業で観世のおきてを破り、公儀のおとがめを受けたため追放になり、滋賀で世を去ったといわれています。大山の伝承では大山にきて、能を教授し、大山で亡くなったといわれていて、お墓（写真74）も権田公園にあります。

文政2年（一八一九）3月10日建立の墓誌には「貴志は紀南の産で、舞踏家です。いったん、飄然として国を辞し、游歴し、来りて、此山に留まり……」とあります。貴志は紀州からきて、多くの門下に能楽を教え、「大山観世」の名を生んだ大山能の祖といわれています。貴志は宝永7年（一七一〇）になくなります。現在、墓は権田公園に移されています。享保元年（一七一六）に徳川頼宜《よりのぶ》の孫の紀州藩第三代吉宗が徳川幕府8代将軍になる6年前でした。

大山能は神事能として幕府の許可を元禄16年（一七〇三）にとり、第1回は2月28日の神事能で、第2回は同年3月25日からの9日間の勧進能をしたことから始まっています。能役者は大山寺別当の八台坊のお抱えであり、その興業は社寺の祭りに関連していました。正徳5年（一七一五）には御師の丸山要介などが大山能の指導を行い、御師の中に浸透していきました。

大山能は江戸の影響を受けながら地元に定着していったのです。享保2年（一七一七）に大坂から江戸にきた笛吹七兵衛が奉納し、享保7年（一七二二）に狂言座の大蔵弥五郎が奉納しました。宝暦9年（一七五九）に松平家中の狂言師吉田清右ヱ門が来たことで、仕舞い方や囃子方が大山に奉納舞をしています。

嘉永3年（一八五〇）には高松侯家中の金春流《こんぱるりゅう》の役者鈴木左四郎が来訪しました。安永元年（一七七二）には大蔵弥惣右衛門、慶応2年（一八六六）に青木与惣などが奉納舞をしています。観世流や金春流、狂言の大蔵流が頻繁にきて稽古をつけたことがわかります。

大山能は江戸の流派の影響を受けていますが、仕手と謡曲は観世流、脇は進藤流、大鼓は金春流、小鼓は幸流《こうりゅう》、笛は森田流、狂言は大蔵流になっています。

大山全山が安政2年（一八五五）の大火で灰燼に帰しました。安政5年（一八五八）に再建された能舞台は大山寺（現在の下社）にありましたが、明治時代に八台坊下屋敷（現在の社務局）に移しました。また、能衣装なども関東大震災の山津波などで流されて喪失しました。それでも、大山能を残す努力が、先導師、木地師や商家によって続けられています。

春と秋の例祭と8月27～30日の大山大祭に奉納能が行われています。昭和56年に始まった薪能は貴志の遺志を継いだ観世流が毎年奉納舞を行っています。

大山では先導師の人達の能や木地師《きじし》やお土産屋の人達が狂言を演じていました。謡曲は商家の旦那たちがやっていました。子供たちは能舞台の袖で、口伝えで謡っていたことを思い出します。〝門前の小僧、習わぬ経を読む〟ですね。

## 心敬・道灌から芭蕉・宝井其角《きかく》と続く大山俳壇

応仁元年（一四六七）に連歌師心敬が関東に来て、2年後に太田道真、道灌の父子の招きで、川越で連歌会を行います。心敬と漂泊の連歌師で有名な宗祇が参加し、「川越千句」を開きました。文明3年（一四七一）頃には心敬は大山の麓の石倉の北条政子が夫の頼朝供養のために建立した浄業寺に住んで、「老のくりごと」を著しました。この頃大山に登ったといわれています。文明7年（一四七五）に心敬僧都は浄業寺で亡くなりました。この頃に大山にも連歌の足跡が残ったのでした。

連歌にはじまった俳句は元禄時代になると、松尾芭蕉があらわれて、閑寂の境地をうたう芸術性の高い薫風俳句を作りだしました。江戸俳諧の流れは大山俳壇にも影響を及ぼし、句碑を建てるなどの感化を与えました。芭蕉の弟子の宝井其角は元禄4年（一六九一）に八人の俳友と共に大山に来たのでした。

大磯の鴫立沢《しぎたつさわ》の鴫立庵《しぎたつあん》は元禄8年（一六九五）大淀三千風の入庵によって、俳諧道場となりました。寛政12年（一八〇〇）頃の八世の倉田葛三、九世の遠藤雉啄《ちたく》の時代には大山俳壇より各々10名の俳友の名が記されているそうです。

昭和38年に東京都港区芝から山王原に上行寺が移ってきました。宝井其角の墓もここにあります。他に将棋名人の大橋宗桂《そうけい》、槍名人の丸橋忠弥《まるはしちゅうや》の墓もあります。

大山にある松尾芭蕉の句碑

「雲雀より上に休ろう峠かな」　寛政7年（一七九五）沼野宜頂と大山俳人が建てる。

「観音のいらかや見やり花の雲」　文政3年（一八二〇）林鳥と大山俳人が建てるが喪失。

「花ざかり山は日ごろの朝ぼらけ」万延元年（一八六〇）大山俳人が建てる。

「山さむしこころの底や水の月」不動尊上、無明橋のがけ下で年月不明（写真75）。

「雲折々人を休むる月見かな」不動堂前に、芭蕉２００年忌追福で明治33年建てる。

宝井其角が大山で詠んだ句

（写真75）無明橋芭蕉句碑
数多い芭蕉や其角の句碑

「腰おしやかかる岩根の下もみじ」
「鹿やせて餅くう犬のけなみかな」
「夏祓お師の宿札たずねけり」

## ゴッホも描いた江戸の浮世絵は旅行パンフレット

江戸の浮世絵は現在の広告のようなものでした。江戸庶民にとって大山詣りは最高の娯楽でしたので、たくさんの浮世絵が描かれています。大山を描く時は富士山と対比されて描かれています。小田急の製作した「大山」は、浮世絵の富士山と大山、大山参りのようすです。ゴッホの絵の「タンギー爺さん」では爺さんの背景に、歌川（安藤）広重の「富士三十六景」の相模川の浮世絵が使われ、大山の背景に富士山が描かれています。旅の案内としての背景に大山が描かれていることは多いのです。

大山の浮世絵がいつから描かれたかはわかりませんが、記録によると享和2年（一八〇二）歌川国経が上粕屋子易明神に板絵美人図絵馬を奉納しています。文政11年（一八二八）に葛飾北斎が「相州大山ろうべんの滝」を、天保2年（一八三一）に2代目歌川豊国が「名勝八景　大山夜雨」を描きました。

歌川広重は天保4年（一八三三）に「相州大山道中戸田川之渡」、嘉永5年（一八五二）に「不二三十六景相州大山来迎谷の図」、安政5年（一八五八）「大山道中相模張交図絵」、「山海見立相模大山」と立て続けに描いています。

歌川国芳は天保5年（一八三四）に「相州大山　田村の渡の景」、天保14年（一八四三）に「大山石尊大瀧の図」、嘉永3年（一八五〇）に「大山良弁滝」を描いています。

天保9年（一八三八）に歌川国芳が「大山石尊大滝之図」、「大山石尊良弁滝之図」を描きました。安政5年（一八五八）に歌川貞秀が「相模国大隅郡大山寺雨降神社真景」を描きました。このように大山を対象にして有名浮世絵師が描いているのです。それだけ大山参りの人気が高く、ビジネスになることで版元が描かせたのでしょう。

## 落語「大山詣り」と江戸庶民の生活

ラジオで落語を聞いている頃は五代目古今亭志《し》ん生《しょう》の「大山詣り」が大好きでした。その後志ん生の子の三代目古今亭志ん朝も演じましたが、志ん生の何とも言えない江戸を感じさせる味が大好きでした。江戸の庶民の生活が生き生きと演じられていました。

「大山詣り」は江戸の庶民の最大の娯楽でした。江戸庶民は講を作り、講でためたお金で代表を伊勢や富士山や大山に行かせました。代参ということで行われたのでした。

「大山詣り」のあらすじを紹介しておきます。

「腹を立てた人は二分（一両の半分）払う。喧嘩をした人は丸坊主」という決めごとをして、大家さんを先達に、長屋の面々が大山詣りに出かけました。道中は決めごとが効いたか何事もなく神奈川宿まで帰ってきます。仲間の講からお酒の差し入れがあり、先達さんが5升のお酒を振る舞いました。問題の「熊」が、酔っ払って大暴れしてしまいます。寝ている間にくりくり坊主にされた熊は、駕籠をとばして彼らより先に長屋に帰りつきます。船が沈んでみんな死んでしまったとかみさんたちをだまし、供養のためとくりくり坊主にさせてしまいます。帰ってきて、仕返しされたと知る一行たち。草鞋《わらじ》を脱いでいないので腹をたてたら2分取られます。怒るわけにもいかず、大家の吉兵衛さんの「お山は無事済んで、家に帰れば、くりくり坊主、みなさん毛が（怪我）無くてお幸せ」――で、落ちとなります。

このような江戸の長屋で行われた、平安で平等な庶民生活が描かれています。

## 歌舞伎の大山参り「山帰り」

江戸時代には、大山参りの歌舞伎絵はたくさん描かれています。また、歌舞伎としても演じられています。その中でも、屋号が大和屋の江戸の名優3代目坂東三津五郎（安永4年〔一七七五〕～天保2年〔一八三二〕）が演じた、「山帰り」がよく知られています。

江戸時代に大山参りの大ブームをおこした男たちの夏の小旅行を題材にしています。阿夫利神社へ参詣した鳶《とび》の者が、その帰りの道中に博打に負けたうえ、宿で買わされた安女郎の話など、自分たちの間抜けぶりを自嘲する楽しい踊りなのです。

落語の「大山詣り」を題材にしているともいわれています。平成21年9月16日に10代目の坂東三津五郎さんが、大山阿夫利神社で奉納舞を行いました。そのときに落語家の林家正蔵が「大山詣り」を奉納しました。

## 大山街道童歌《わらべうた》

大山詣りにちなんだ「大山街道飛ぶ鳥は」の童歌がうたわれました。

童歌　（伊勢原町勢誌）

大山街道とぶ鳥は羽が十六　目がひとつ
一の木　二の木　三の木　桜
五葉松　柳　柳の木の下で書いた紙　拾って
それをだれに読ませましょうか
お万に読ませましょうか
お万は読めねえ
（中略）
今度だれに読ませましょうか
八幡太郎に読ませましょうか
八幡太郎が読みだした
—以下略—

ここで、お万というのは、大奥の「お万の方」で、八幡太郎は「源義家」をうたったようです。

このような童歌が各地でうたわれて、少しずつ違っていったようです。また、平塚市の大野町では「麦打ちうた」として残っています。

## 幕末期の大山の衰退

安政元年（一八五四）大山全山で大騒動があり、大火となり一山を全焼しました。万延元年（一八六〇）に山の再建勧請に許可が下りましたが、すでに幕府財政は疲弊《ひへい》していました。安政の地震、桜田門外の変や慶応3年（一八六七）の大政奉還、王政復古と続き、徳川幕府の援助が期待できなくなっていました。

幕府は万延元年には江戸市中や相模国で造営費用の基金を集めることを許可します。すでに、再建費用を出せるほどの財政の余裕がなかったことになります。

江戸平田学派に傾倒するものが出てきて、大山の神職が江戸神田の権田家に出入りし、門人になるものが続出しました。権田翁の埼玉県毛呂で教えを受けるものもいました。

# 第七章　明治維新が大山を変え、現在に続くパワースポットの承継

## 明治維新の神仏分離令で寺から神社に、御師から先導師に変わる

　大山は奈良時代以降、神仏習合の象徴として、山頂に石尊大権現阿夫利神社があり、山腹に大山寺がありました。慶応4年（明治元年）（一八六八）3月28日に神仏分離令が発布され、廃仏毀釈《はいぶつきしゃく》運動が起き、仏教的神号が禁止されました。大山寺の仏具や古文書が売り払われ、燃やされたのでした。多くの文化財が散逸し、燃やされたのは本当に残念です。明治2年に大山寺の称号廃止で大山阿夫利神社に変わり、明治6年には本堂の地に現在の下社を置き、山頂の石尊社は奥宮、八大坊は社務局となりました。大山寺は明王院と改め来迎院の現在の地に移りました。寺領没収に伴い、前不動は追分神社と改称しました。明治9年（一八七六）信者の寄付により不動尊大堂が宮大工棟梁第89代手中明王太郎により建立され、現在の地に本堂が再建されました。不動堂落慶入仏式は明治18年に行われました。大正4年（一九一五）10月に雨降山大山寺の名称が47年ぶりに許可されたのでした。

（写真76）權田直助像
神仏分離令の危機を越え大山寺を阿夫利神社にする

明治10年（一八七七）頂上の本社再建がなりました。明治26年阿夫利神社本庁として発足しました。権田直助は大山講中の混乱を収束し、「御師」を「先導師」としました。不動明王お札を大山阿夫利神社の祈祷札に変えて、檀家回りをしたそうです。先導師の努力で、神道に変わった大山信仰が浸透し、参詣する講中も増えましたが、江戸時代の勢いは失われてしまいました。大山講も老齢化して跡を継ぐ者が減ったのも原因のひとつです。

## 権田直助《ごんだなおすけ》の功績

権田直助（一八〇九〜八七）（写真76）は阿夫利神社の中興の祖と言われています。文化6年（一八〇九）武蔵国入間郡毛呂本郷の医者の家に生まれ家業を継ぎました。文政10年（一八二七）江戸に出て国学者平《ひら》田篤胤《たあつたね》門下生となりました。

大山寺の寺僧が大山勇として祠官《しかん》になっていましたが、明治4年に山を下りてしまいました。権田直助は明治6年に大山の国学者たちの要請に応じて、祠官の地位につき、大山に移住して大山改革を推進しました。大山の神道化をはかり、祭式作法を定め、明治11年に春日神社の舞を取り入れ大和舞《やまとまい》、巫女舞《みこまい》を伝承しました。神教歌や敬慎講を作り、講中の改革をしたそうです。

国学者の中で大山学派といわれ、討幕の指導者として岩倉や西郷を助けました。明治2年刑法監察知事として、裁判の公平を律し昌平学を改め法学大学の門を開きました。「開導記」を編簿し、先導師や大山の戸数をまとめました。明治6年大山小学校が開校しました。明治13年には維新後に中断していた大山能が能舞台落成と共に再興されました。権田直助は明治20年（一八八七）になくなりました。お墓は良弁滝の権田公園にあります。

## 明治以後の大山

大山は神と里の境を表し、御師の導きでお祓いを受ける門前町の坂本と、大山の繁盛に伴い門前町的性格を備えて発展した子易の、二つの異なる性格の町が明治22年に合併して大山町が造られました。

昭和29年1月1日に2町4村は大同合併をして、伊勢原町となりました。昭和46年に神奈川県の15番目の伊勢原市となりました。

大山は昭和35年に丹沢大山県立公園に指定されました。昭和40年には丹沢大山国定公園が制定されました。

明治6年に大山小学校が民家を借りて開校しました。大山中学校の開校は昭和22年になります。昭和37年に大山、高部屋、比比多の3校を廃止して、山王中学校が開校しました。大山地区は江戸時代の大山講の影響で、江戸言葉で「ひ」と「し」の発音の区別がつきません。「非常に」が「しじょうに」困ることになるのです。

昭和3年に大山寺の鉄造不動明王及び両童子像が国宝に指定されました。これらの国宝はその後重要文化財に指定替えされました。

昭和61年に第1回大山マラソンが開催されました。それ以前は節分駅伝として、伊勢原市内を回り、優勝チームは拝殿で節分祭に参加しました。平成10年かながわ・ゆめ国体秋大会が開催されました。丹沢・大山国定公園が注目を浴びました。平成24年には皇太子殿下が大山登山をされ、話題になりました。

## 大山の先導師（御師）の数の減少と旅館業の変遷

大山先導師会組合青年部調査によると、大山、蓑毛の御師の数は江戸時代の天明6年

（一七八六）に１４５軒で、最盛期の寛政９年（一七九七）が１６５軒、天保11年（一八四〇）は１６６軒でした。大山参りの浮世絵のように大賑わいを受け入れられる御師の数でした。

明治の神仏分離令により、大山寺から阿夫利神社に変わり、先導師の数は減っていきます。明治10年（一八七七）１２１軒、明治37年１０７軒となり、昭和に入ると講元の高齢化もあり、昭和６年で72軒、昭和46年には60軒と江戸時代の４割くらいの数になってしまいました。平成に入ると行楽の多様化によりさらに減り、平成11年に50軒となり、宮崎武雄氏の調査では平成25年には45軒を数える程度になっています。

明治時代は御師から先導師に変わった人たちの努力で、阿夫利神社大山講の維持がなされたことがわかります。江戸時代から続く大山講もまだ機能していました。

## 学童疎開から「東京の奥座敷」

昭和に入ると、太平洋戦争時代は昭和19年の学童疎開で大山もにぎわいました。大山は川崎、横浜の学童が多かったようで、私が仕事で会った年配の役職者に「大山に疎開に行きました」とたくさん聞きました。昭和30年代に入ると、伊勢原を中心に産業の誘致が始まり、東北などの地方から農閑期の一時工で働く人たちが、先導師の宿に泊まるようになりました。先導師によれば50～１００人受け入れていたところもありました。この旅館業は大山の忙しい、夏山シーズンを外した、秋から冬にかけてでしたので、大山としてはたいへん良いビジネスでした。昭和50年代は自動車工業の最盛期で、各社のネーム入り自動車も夜勤の季節工の人達を宿に送迎していました。

昭和の30年代から始まった社内旅行と忘年会は東京の近郊ということで、大山に宿泊するブームになりました。「東京の奥座敷」といわれ、春や秋の旅行シーズン、年末の忘年会とたいへんにぎわいました。

平成に入ると、自動車産業の生産の平準化がなされ、季節工に頼ることがなくなり、大山講も低調になり、さらに慰安旅行の減少で、先導師をやめる人も多くなりました。それとともに神主になる人も減り、国語や社会の先生になる人も減少していきました。現在は先導師として、大山講を受け入れることも減少しました。また、旅館として宿泊客を受け入れる宿も減少し、昼食だけで営業しているところが増えました。阿夫利神社の神主も大山以外の人が多いそうです。大山宿の江戸時代１６６軒から平成の現在は30軒近くに減りました。

（写真119）藤沢四谷一の鳥居
東海道四谷で江の島遊覧の出口
として有名

（写真120）七五三引の鳥居
車がぶつかり現在の地に移る
大山がよく見える

## 大山街道の鳥居

一の鳥居（写真１１９）は藤沢四谷にあります。

石造りの立派な鳥居です。近くに不動堂があり、近隣のお寺からも敬われています。東海道からの大山への入り口であり、大山帰りで藤沢遊行寺の参詣や江の島観光、東海道宿場で遊興を期待する楽しみの鳥居だったのでしょう。落語や浮世絵に描かれている鳥居です。

二の鳥居（写真１２０）は山王原七五三《しめ》引《ひき》にあります。

伊勢原の大山街道五霊神社の前にありました。この鳥居から大山山頂が望めます。長い大山街道を歩いてきて、大山を見てほっとしたことでしょう。現在はバスの通行のため場所が変わっていますが、移転した公園はよく整備されています。

三の鳥居（写真１２１）は新町の大山入り口にあります。

木の鳥居でしたが、銅金で葺《ふ》かれています。この鳥居は江戸時代の火消し「せ組」が建てました。この鳥居からは大山山頂が望めますので、

(写真121) 三の鳥居
セ組鳥居銅葺きの鳥居で江戸火消し「せ組」が建てる

(写真122) 五の鳥居下社拝殿
拝殿をし、振り返ると江の島が鳥居の真ん中に見える

江戸時代の人が大山に入山した実感を持ったことでしょう。現在鳥居前というバス停があります。また、近くに京都の八ツ橋で有名な聖護院の准后が渡った「二ツ橋」があります。

四の鳥居は追分社の前にありました。男坂、女坂の分かれ目です。現在では下社に直接行くか、大山不動に寄って登っていくかの選択になります。昭和6年のケーブル開通で登山者だけがくぐる鳥居となっていましたが、現在はありません。

五の鳥居は下社拝殿の前（写真１２２）にあります。

この鳥居からは相模湾の雄大な景色が望めます。下社の拝殿で振り向くと五の鳥居の真ん中に江の島が見えます。ちょうど下社拝殿と江の島が直線で結ばれています。大山は「大山祇大神」で男神です。江の島は弁財天で女性の神となり、縁結びを演じているといわれています。富士山が女性の神なので、嫉妬して火を噴いたといわれています。ここから見る夜景はすばらしく、ミシュラン２つ星がわかります。必ず眺めてみたいパワースポットです。

（写真123）六の鳥居登拝門
114段の石段は険しいです。
7月27日に扉が開き夏山に

（写真124）27丁目七の鳥居
青銅の鳥居でもう一息で山頂に

（写真125）28丁目前社の八の鳥居
写真に見えるのが前社。最後の階段を上がれば本社の山頂

六の鳥居は山頂本坂の登り口の登拝門（写真１２３）です。

7月27日の早朝に江戸お花講により開門されます。登拝門から望む急な坂段は１１４段あり、登ると2丁目になります。ほんとにきつい坂段で、ここでスタミナを奪われます。帰りも充分注意して下りることが必要です。真下に登拝門があるので、転げ落ちるような感覚になります。

七の鳥居は頂上前２７丁目にあり、青銅の鳥居（写真１２４）といわれています。

この鳥居からお中道があり、山頂を目指すことになります。

八の鳥居は山頂28丁目の前社にある鳥居（写真１２５）です。

石段を登れば山頂の阿夫利神社本社です。

伊勢原駅北口の赤い大鳥居は昭和6年に大山ケーブル開通記念に建てられました。

蓑毛には安政6年（一八五九）６月建立の石造の大鳥居（写真１２６）があります。

木造の鳥居を石造りに建て直したといわれています。蓑毛宿場町への

（写真126） 蓑毛大鳥居
道路拡張で現在の地に大山がよく見える場所

バス道路を広げるために、現在の地に移しました。筆者がちょうど大学2年生の時に、叔父の経営する大山鳶石井工務店が移設を受注しました。冬休みでしたので、移設のアルバイトをしました。急坂の中腹から約800m位下げて、平地に近いところに安置しました。鳥居の屋根上に乗り滑車クレーンを操作したことを思い出します。今でも蓑毛に行くと、車から降りて鳥居を見上げお山を見ています。

## 大山の開山式

大山の夏山は7月27日から8月17日（旧暦では6月30日から7月17日）です。普段下社の登拝門は閉じられています。

江戸時代の元禄元年（一六八八）頃にはじまった「お花講」が開山式を行うことが慣例になっています。江戸小伝馬町の「大山お花講」が登拝門のカギを持ち、開けることから夏山が始まります。

筆者は高校時代に高張提灯を持つことを務めました。御師（先導師）の内海景弓のお花講でしたので、午前1時頃に、内海先導師に先導され

（写真77）秋季大祭渡御行列
8月27～30日の雨のおくだり

てお花講の人達と出発しました。夜の明けぬうちに下社の登拝門に到着し、「開門の儀式」をして、一番お山の登山を「六根清浄」のかけ声の元で山頂に登りました。

## 秋季大祭（8月27日～8月30日）

秋季大祭は8月27日の大山祇大神の渡御行列の「おくだり」が、一見の価値があるすばらしさです。明治10年頃から始まったそうです。下社で古式の乗っ取り、遷座の儀式が行われ、下社から神輿が8人の白装束の輿丁《よちょう》に男坂を担がれて降りてきます。後ろから綱をつけて、引っ張って支えます。30日には男坂を登るのですが足場が悪く大変なのです。

神輿は七色の切麻《きりくさ》を撒いて道を清める神部《かんとむ》といわれる神主を先頭に、裃《かみしも》の警護の武士に護られ、衣冠束帯の宮人を装った大勢の人によって大山町を下り、境界の三の鳥居まで進むのです。神輿は大祭のあいだ、阿夫利神社社務局の行在所《あんざいしょ》に鎮座します。渡御行列（写真77）は明治初期から始まっているそうです。平安雅楽のしらべで、しずしずと進む行列

（写真78）巫女舞装束での行列
神主の装束の人につれられる巫女の人達

は平安絵巻を思い出させます。

各家はしめ縄を張って、行列を迎えます。年番制になっているので6町の中の年番の町内はお祭り全体を仕切ります。毎晩行われる奉納能や、その合間に各町内の自慢の神輿を担ぎ競う喧嘩神輿を仕切ることになります。

## 大和舞、巫女舞の神事の伝承

阿夫利神社では新年のお祓いをお願いすると、神前で大和舞や巫女舞を舞って奉納していただけました。私の会社時代には毎年、1月4日か5日に大山に1年の祈願をかけるのがならわしでした。神前舞は奈良の春日神社から権田直助により伝授されたそうです。大和舞は11曲、巫女舞は9曲が伝わっていました。昭和28年に神奈川県の無形民俗文化財に指定され、毎年の秋季大祭の8月28日に神前に奉納されます。（写真78）

昭和三十～四十年代は先導師の子弟が大和舞や巫女舞を習うのが慣例でした。小、中学生が神奈川民俗芸能でＮＨＫに出演したのは懐かしい

(写真80)七不思議の一
涸れることのない弘法の水

(写真81）七不思議の二
子育地蔵。赤い頭巾をかぶる

(写真82）七不思議の三
空海が一夜で彫った爪彫り地蔵

思い出です。筆者の同級生のなかには長く、大和舞の伝承を続け、子供たちに教えてきた人たちもいました。現在は大山の子供たちの少子化で、先導師の子弟でなくても演者になるそうです。

## 大山寺女坂の七不思議（地図6）

七不思議の一　（弘法の水）（写真80）

涸れ沢の紅葉橋の手前に、弘法の水の表示があります。弘法大師が錫《しゃく》杖《じょう》でつくと清水が湧き出したそうです。この清水は旱魃《かんばつ》でも涸れることがないそうです。山頂の自然石を石尊権現とするのは、大師が大山を登った頃からだそうです。

七不思議の二　（子育地蔵）（写真81）

弘法の水を沢下に見て、紅葉橋を渡った正面に石像の子育地蔵があります。いつも赤いちゃんちゃんこをつけて、赤い頭巾をかぶっています。

七不思議の三　（爪彫り地蔵）（写真82）

弘法大師が一夜にして爪で彫ったといわれる磨崖仏《まがいぶつ》です。内海弁次氏

（写真83）七不思議の四
木の先が太くなる逆さ菩提樹

（写真84）七不思議の五
しゃべってはいけない無明橋

（写真85）七不思議の六
祠から音がする潮音洞

によると承応元年（一六五二）の作といわれています。大山には磨崖仏が他に2体あります。

七不思議の四　（逆さ菩提樹）（写真83）

一代目の菩提樹は下部が細く、上に行くに従い太くなっていたそうです。

七不思議の五　（無明橋）（写真84）

大山寺を登ってすぐに、無明橋があります。この橋を渡る時は何かしゃべると、必ず落とし物や忘れ物をするという言い伝えがあります。私が子供の頃はケーブルカーもなく、比較的楽な女坂を上ったり下ったりしたので、この言い伝えを固く守ったものでした。橋を渡ると右手に芭蕉の句碑があります。

七不思議の六　（潮音洞）（写真85）

無明橋を登っていくと、左手の山の岩に洞があります。洞に耳を近づけると潮の音が聞こえるという言い伝えがあります。

七不思議の七　（目形石）（写真86）

（写真86）七不思議の七
目の病に良い目形石

潮音洞を登っていくと、右手に大きな岩の上に観音菩薩像があります。そのわきに小さな穴の空いた小石があり、目の悪い人は触ると治るという言い伝えがあります。

## 大山寺に家光の扁額《へんがく》が奉納された

女坂から登る大山寺前の石段（写真87）は85段あります。切り立つような石段で登るのに苦労します。両脇には童子像がならんでいます。11月の中旬にこの石段に覆いかぶさるようにもみじが紅葉します。ライトアップされると一段と幻想的なのです。最盛期の紅葉の写真は小田急電鉄の大山紹介のポスターになっています。

大山寺の内部に大きな扁額が納められています。記録では大覚寺の知足院法印が家光の命により寛永19年（一六四二）に代参して奉納したといわれています。

扁額の右側には「當伽藍者征夷大将軍従一位」とあり、左には「左大臣源家光公御再興之額也」とあり、説明書には大覚寺御門跡栄増法印と

（写真87）大山寺坂段の紅葉
85段の石段に覆いかぶさる

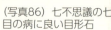

あります。慶長19年の春日局の大山寺祈願により、家光は将軍になります。

家光は寛永14年に知足院に命じ大山寺の状況を調べさせます。

寛永17年には春日局が慶長20年（一六一五）に次いで記録上の2度目の将軍代参で大山寺に来ました。家光夫人お楽の方の子授け祈願のためでした。おそらく、大山寺の再興状況を自ら検分に来たのでしょう。寛永18年に家光は寺社造営完成祝いとして、釣り灯籠などを寄贈しました。この翌年寛永19年に扁額を持って知足院法印が参詣したのです。

春日局は、翌年の寛永20年（一六四三）4月に家光代参として、大山寺御再興成就のお祝いに大山寺を参詣しています。この年9月64歳で没しています。まるで死期を知って、家光を将軍にできたお礼にお詣りしたようです。たいへんな金額を大山寺の寺僧に寄進しています。徳川幕府の永続を祈ってのことでしょう。

## 雨乞いの滝・禊の滝（二重滝、八段滝、大瀧、愛宕滝、良弁滝、元滝）（地図7）

「雨乞いの滝」二重滝（写真88）
下社の数段降りた平地に八大坊上屋敷跡があり、右に入ると見晴台に向かいます。

（写真88）雨乞いの二重滝　地震で滝口が小さくなる

（写真89）禊の大瀧
大山街道一番下の滝

（写真90）禊の愛宕滝
旧道と新道の合流点にある

（写真91）禊の良弁滝
浮世絵で有名な滝

少し行ったところに二重社と二段に流れる二重滝があります。この滝は「雨乞いの滝」といわれています。また、実朝が大雨と洪水を恐れて雨が止むように祈願したことでも知られています。

八段滝

この沢を下がっていくと八段に流れる八段滝があります。私が子供の頃は滝を滑って遊んだものでした。現在は大山水道の水源地で、関係者以外は入ることができません。

禊《みそぎ》の四滝

武田旅館下を小田原道に入ると大瀧（写真89）があります。この滝で禊をし、いより峠に登り、浅間尾根を登りかごや道と御拝殿道道標で合流し、山頂に向かいました。

旧道をのぼると、愛宕橋の手前に愛宕滝があります。（写真90）

さらに登り開亀橋を渡ると良弁滝（写真91）があります。滝の傍らには良弁の二つの木像がある良弁堂（写真92）があります。権田公園も同じ場所にあります。

（写真92）良弁堂
良弁滝の傍にあるお堂

（写真93）禊の元滝
こま参道最後の滝

（写真115）こま参道と先導師
参道にこまの絵がある

（写真104）坂本の男坂
女坂分岐
四の鳥居のあった追分

大山ケーブル下の雲井橋の傍らには元滝があります。（写真93）
大瀧、愛宕滝、良弁滝、元滝はみそぎの滝でした。江戸時代から参詣者はまず、滝で身を清めてから山に登りました。これらの滝は浮世絵に描かれました。

## 大山山頂への道

1、こま参道

「大山ケーブル」バス停から登っていくと、赤茶色のタイルの中に「こま（独楽）」が描かれたタイルが埋められています。ケーブル駅まで27個あるそうです。登るたびにこまの数も増え、10個目には大きなこまが描かれています。こまを見ながら27の踊り場（写真１１５）を楽しんでケーブル駅まで登ってください。

2、男坂、女坂の道

現在はケーブルカー駅から大山ケーブルに乗り拝殿という下社に行けます。明治から昭和のケーブルカーがない時代はバス停の大山駅から歩

(写真105) いより峠
参道が合流する峠の道標

(写真106) 浅間尾根賽の河原

(写真107) 水呑地蔵
峠までの道にある地蔵

いて山頂に行きました。坂本町の追分(写真104)から、男坂と大山不動を経由する女坂に分かれます。総じて、男坂は厳しい山道です。秋季大祭では神輿は男坂を下り、また上っていきます。

3、拝殿(下社)から山頂に

下社で登拝門を登っていくのは本坂です。登拝門からの石段はたいへん厳しいです。下社から比較的なだらかな「かごや道」を行く道もあります。

4、鶴巻、寺山、大瀧からいより峠で合流する道

鶴巻から弘法山を経由した道や秦野市寺山から登る富士道と上子易から登る道、そして、大瀧から登る道の3道の合流地点のいより峠には、木村由松設置の不動石像と道標(写真105)があります。禊の滝大瀧から登る道は現在の阿夫利林道合流点に道標(写真106)があります。さらに広い林道を登ると水呑地蔵(写真107)が道脇にあります。いより峠はもう少しです。

5、いより峠から女人禁制の碑を経て御拝殿道に至る

(写真111) 20丁目富士見台　大山登山で富士山が一番きれいに見える

(写真110) 御拝殿道道標
浅間尾根とかごや道の合流点拝殿の下社に至る道

(写真108) 蓑毛越合流点
いより峠と蓑毛からの合流点

いより峠から浅間尾根を登り千畳敷を経由し山頂に行きます。現在は電波中継塔があります。さらに登ると蓑毛から登る道（写真１０８）に合流します。蓑毛越といわれています。さらに登ると地蔵が並ぶ、少し広い場所に出ます。賽の河原といわれています。さらに登ると蓑毛から28丁目に当たるのが女人禁制の碑がある場所です。ここは高台に当たり、少し下がると下社からのかごや道と合流します。御拝殿道と刻まれた大きな石（写真１１０）があります。

6、御拝殿道の合流地点から本坂追分に至る

さらに登ると本坂との合流地点になる本坂16丁目です。蓑毛追分富士道道標があります。道標を通り参拝後に浅間尾根を下ります。富士街道として、蓑毛を経由して足柄峠に行く道でもありました。

本坂との合流後、20丁目に富士見台（写真１１１）があります。ここで初めて富士山が見られます。富士のすばらしい姿に疲れを忘れ感嘆の声を漏らすでしょう。

7、本坂とヤビツ峠からの道の合流地点

（写真112）25丁目
ヤビツ峠から合流

（写真113）見晴台

蓑毛からの林道の開発でヤビツ峠から山頂を目指す参詣道があります。イタツミ尾根を登る道です。この道は本坂の25丁目（写真112）で合流します。登山者が登るには一番やさしく、下りるとヤビツ峠を越え、三の塔から塔が岳（尊仏山）に至る、丹沢表尾根銀座といわれる、多くの登山者が登る道です。

8、日向から見晴台を経て雷《いかずち》尾根から山頂へ

下社から二重滝を経て、見晴台（写真113）につくと日向からくる道に合流します。この道は「九十九曲がり」という、日向薬師から大山に登る日向参道です。さらに、雷《いかずち》尾根を登り、三峰山へ至る道の分岐に出ます。分岐から大山山頂を目指して上ると奥宮につきます。山頂の見晴台は眺望がすばらしいです。

## 大山登山のパワースポット

1、女人禁制の碑《ひ》

下社からかごや道を行き、「御拝殿道」を登ると本坂に十六町で合流

（写真94）呪いの杉
藁人形や五寸釘が打たれていたうわさがあった

（写真95）夫婦杉
二本に分かれた大木

します。左に折れて蓑毛に下っていくと、「従是女人禁制」と彫られた大きな石碑（写真79）があります。弘化2年（一八四五）に建てられたと刻まれています。

西から蓑毛を経由して大山への参道の28丁目に当たり、道標があります。日中は大山寺本堂までは参詣が許されていました。蓑毛からの旅人は女人禁制の碑を見て、現在のかごや道から大山寺本堂を参詣したのでした。

2、呪いの杉

二重滝への道に「呪いの杉」といわれた大木がありました。江戸時代にもすでに有名だったそうです。私が夜間に登った子供の頃は、下社から肝試しで呪いの杉を見に行く遊びがありました。本当にこわかったです。現在は呪いの杉はないそうです。付近の杉の大木は呪いの杉（写真94）を思い出させる大きさと威厳があります。

3、夫婦杉

本坂8丁目にある樹齢数百年といわれる杉の老木（写真95）です。根

(写真96)　本坂16丁目追分本坂とかごや道の分岐で富士浅間道の文字も見える

(写真97) 本坂14丁目ぼたん岩といい火山灰が作りだした岩

元から二つに枝分かれしています。大山の本坂はこの辺りまで、杉の老木がたいへん多く、霧が深い時は霊気を感じます。本坂の道は自然に近くたいへん厳しいですから、森林浴を楽しむような気持で、深呼吸をしてください。

4、本坂追分の道標

高さ3・7mの大石碑がある、本坂16丁目は追分といわれています。帰路に小田原や富士山に向かう人たちが、かごや道から蓑毛に出る人と、下社（当時の大山寺）へと別れる場所です。享保元年（一七一六）の建立（写真96）で、あまりにも大きく相撲取が運び上げたそうです。正面は「奉献石尊大権現大天狗、小天狗御寶前」。右側は「従是右富士浅間道　東口洌走《すばしり》江14里　小田原最乗寺江7里10町」と書かれています。江戸時代の富士講のルートがわかる記載です。関本から最乗寺を経て、足柄峠から富士吉田を目指したのでしょう。

5、ぼたん岩

本坂14丁目に岩の模様がボタンの花びらのような岩（写真97）が重

（写真98）本坂15丁目
天狗の鼻突きといわれ写真に見える穴がそのようです

（写真99）山頂の雨降木
ナンジャモンジャの木といい雨降りの神事の木です

なっています。凝灰岩《ぎょうかいがん》で大山山塊では多いのです。凝灰岩は火山灰が固まったものなのでたいへんもろいものです。それだけ富士山や箱根山の噴火の影響を受けているということでしょう。

6、天狗鼻突岩

本坂15丁目にこぶし大の穴が空いている岩（写真98）があります。天狗が鼻で突っついて空けたといわれています。子供の頃から大山には大天狗と小天狗がいるといわれていたので、本坂を上ると必ず触ったものでした。

7、雨降木（なんじゃもんじゃの木）

大山山頂にある御神木（写真99）です。雨降木といい、農耕のための雨乞い神事をこの木で行うと信じられてきました。ブナの古木ですが、当時は不思議な木「ナンジャモンジャ」といわれていました。樹齢数百年たっているそうです。

私は7歳から30歳くらいまで、盆山に登りました。ご来光が上がるまでのひと時は、この木の下で必ず眠りました。少し平らなところがある

（写真100）山頂お中道
27丁目の七の鳥居から山頂をめぐる道で通れない道

（写真101）前社
28丁目の八の鳥居の前社

（写真102）阿夫利神社本社
前社を登ると本社が鎮座します

ことが理由ですが、何か霊気を感じたからでしょうか。

8、山頂のお中道

27丁目の青銅の鳥居を過ぎて、大山山頂を一周する「お中道」（写真100）があります。奥の院を廻るように道が続いています。一周廻ると360度の眺望は最高です。一部崩壊によって通ることができない場所があるので注意が必要です。相模湾、遠くは東京、房総半島、富士山、丹沢山塊とミシュランの二つ星をご満喫ください。江戸時代から、お中道をめぐり、神がおわすお山を一身に感じ、山頂からのご来光とすばらしい景色を目に焼き付けて下山したことでしょう。

9、大山山頂の三社《やしろ》　本社は28丁目になります。参道を山頂に向かい、最後の鳥居をくぐると前社（写真101）があり、水をつかさどる神を祀り、小天狗を祀っています。山頂の本社（写真102）は大山祇大神《おおやまつみのおおかみ》を祀っています。奥宮（写真103）は雷電をおこす大雷神を祀っています。大山には小天狗、大天狗がいるといわれていました。大天狗は日本八大天狗で鳥取県伯耆《ほうき》大山《だいせん》から相模坊の後に移ってきた相模大山伯耆

（写真103）奥社
大雷神の大天狗を祀る

（写真114）下社の茶屋
現在営業している２軒

坊です。江戸時代の大山講や富士講の人たちにたいへん信仰されたそうです。

徳一社は徳一上人を祀った社で、弘法大師を大山に招聘したといわれています。山頂にはこの3つの社があります。

本社奥の院に鎮座する、磐座のご神体は青い石といわれています。宮司以外は見ることが許されず、「ご神体は秘して開帳せず」といわれてきました

## 大山本坂二十八町の茶屋

下社にはえちご屋、さくら屋と西の茶屋の3軒がありました。現在で茶屋は2軒（写真114）だそうです。江戸時代の絵図ではたくさん描かれています。たいへん繁盛していたのでしょう。

登拝門から本坂を上がると、頂上までの28町に12の茶屋がありました。茶屋を目当てに登ることが疲れを忘れる秘訣でした。

昭和40年代までは、水や飲料水、ところてんなどを販売していました。

販売する商品は茶屋の主人や強力《ごうりき》さんが背にしょって登って運びました。その後、登山客の装備が良くなり、茶屋が成り立たなくなったのと、経営者の高齢化と後継者が勤めに出て、事業の継承ができなくなったのが大きいのです。

現在は頂上の茶屋だけが復活して、登山客の便を補っています。登山道の茶屋の跡は少し広場になっています。ここに茶屋があつたのだとわかりますので、眺望としばしの休憩を楽しんでください。

## 大山の凧揚げの風習

浅間尾根の千畳敷は5月の子供の日に凧揚げを行う場所です。町内で子供が生まれると1間や2間の大凧を作り、町内総出で、凧揚げをするのでした。秦野からの西風に乗り大山町の上空に凧が上手に上がれば、親御さんから喜ばれました。

糸が切れて、大山から風に流され、日向や高部屋の山に飛んでいくと、総出で探しました。無事さがせれば子供は無事に育つという言い伝えがありました。

凧は町内の人が造るので、親御さんはその費用を負担し、凧揚げの人達へ食べ物やお酒を振る舞うのでした。7歳ぐらいまで大凧を揚げる家もありました。現在は千畳敷の樹木が大きくなったことと、電波中継の鉄塔もあり、平成25年から行われていないそうです。

（写真116）大山こま
特徴あるこまの形

## 大山木地師とこま遊び

大山の木地師は神社や新年のお供えの神具を作っていました。また、お札や玩具なども作っていました。その一つがこまです。木地師は昭和の初めまで相伝で行われてきました。江戸時代に造ったこまや玩具をお店で販売するようになり、参道に土産屋が生まれました。現在でも参道に残るお土産屋さんは木地師が多いのです。

「大山こま」（写真116）は比較的大きなコマで、子供の頃は「こま遊び」で大山の各所を回り、競い合ったのでした。大山こまは「じんみょうとり」といって、コマがいかに長くまわっているかを競うのでした。ここから「寿命長くありますように」のいわれがあり、10～15㎝の大こまが長寿のお祝いなどに使われました。私の高校の恩師の還暦の祝いに大きなコマを贈ってたいへん喜ばれたのを思い出します。

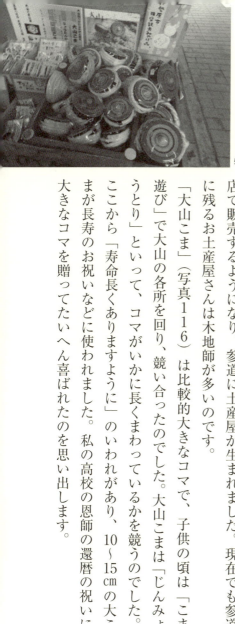

（写真117）江戸から続く納太刀
浮世絵のように現在も続く伝統行事（歌川豊国　筆）

## 納太刀の風習は続く

頼朝が鎌倉幕府を開府し、大山に行ったのは、寺領の安堵と納太刀のためでした。このことにより鎌倉幕府の祈願寺になりました。続く足利幕府も徳川幕府も頼朝にならい、祈願寺と定め納太刀を行います。江戸時代には庶民にもこの風習が拡がり、流行しました。江戸時代に４ｍもの大太刀が奉納されました。

「四五間の　小太刀をかつぐ　袷《あわせ》かな」　小林一茶

太刀に祈願文を書き込み、大山参詣の時に納めます。そして、他人の祈願した納太刀を持ち帰り、家に飾る習慣がありました。その情景は浮世絵（写真１１７）に描かれています。現在では伊勢原青年会議所が８月11日の山の日に大山に登るイベントを行っています。

## 薪能《たきぎのう》はいつから

大山能は明治に入り権田直助や先導師の努力で明治13年に再開されま

（写真118）能舞台静岳殿
江戸時代の能舞台から変わる

（写真127）茶湯寺道標
百か日のお寺で有名

した。各家が一人能役者を出すことで、普及につとめました。下社にあった能舞台を社務局に移しました。私が子供の頃に能を教えてもらった大事な舞台でした。現在は解体してしまいありません。

平成13年に能楽堂「静岳殿」（写真118）が新築され、毎年10月に薪能が「観世流」により奉納されています。たいへん盛況で抽選に当たるのが難しいと友人にいわれました。この能舞台が終わると、大山も秋の気配が訪れます。

## 茶湯寺は不思議な寺

こま参道に「茶湯寺《ちゃとうでら》」と彫られた大きな石碑（写真127）が文化八年（一八一一）に造られました。近隣では「百箇日さん」といわれ、お亡くなりになると百日のお参りに参詣していたのでした。また、この石碑は別の寺にあったともいわれています。

山内には磨崖仏《まがいぶつ》や著名な名僧の石仏もあり、是非お参りしてもらいたいお寺です。木喰上人の微笑仏が茶湯寺にあります。大山信仰に一生を捧げた僧侶でした。

大山は108坊あると江戸時代に言われましたが、現在は大山には大山寺と茶湯寺の2寺だけが残りました。子易には龍泉寺と易往寺の2寺があり、4寺になりました。大山は神道なので、葬儀は仏式か神道になります。先導師でなくても神道で葬儀を行うことになります。子易は仏式です。他の地域にはない葬儀が明治以後伝わっているのです。

## 大山豆腐は精進料理から

徳川家康による「慶長の改革」により、清僧のみが大山寺に残れることで、女人禁制の地となったのでした。精進料理の定番は豆腐が頼りでした。「大山史」には天明6年（一七八六）に3軒の豆腐屋のことが書かれています。昭和30年代には1軒の豆腐屋（小出豆腐店）がありましたが、現在は3軒の豆腐屋があります。

昭和50年代に忘年会や新年会、社内旅行が流行るようになると、豆腐料理が増えてきました。大山豆腐の夏の「冷やっこ」、冬の「湯豆腐」がたいへんおいしいです。冬は「獅子鍋《イノシシのなべ》」のふとネギ、ゴボウと食べる豆腐はなんともいえません。

平成3年から「大山とうふ祭」が毎年3月第1週に第二駐車場で行われます。大山寺の

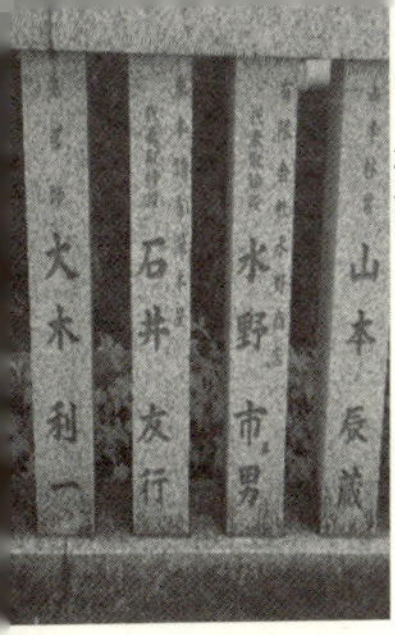

(写真130) 寄進者の玉垣石塔
神社の整備に、先導師も講も商人も石塔を寄進する

(写真129) 町内の神社詣り
大山では各町内に神社があり、それぞれの神主がお詣りする

僧侶の読経とほら貝で始まり、「仙人鍋」という大鍋で湯豆腐が振る舞われます。

## 現在でも大山は祈りの地

各町内では独自の神社を持っています。毎年、毎月と大山6町内の人達は神社の前（写真129）に集まり、祈りを捧げるのです。また、大山の各所には寄進者による玉垣や石塔が建っています。この玉垣や石塔（写真130）を見ることも大山見学の楽しみです。寄進者は関東一円に限らず、遠くは関西や海外からもあります。

大山は商売の神様でもあります。新年には大山の周辺の多くの企業はケーブルカーに乗り、拝殿で一年間の祈願をしています。宮司から祝詞をあげてもらい、巫女舞、倭舞の奉納を見て、お神酒をいただくのです。筆者の勤めていた企業は秦野市にありましたので、毎年正月には拝殿に登り企業の繁栄と安全を祈願しました。お参りのあとには途中にある西の茶屋で湯豆腐を食べるのが正月の行事でした。

（写真131）絵とうろう祭典
平成18年から始まった灯の祭で、
梅原から下社までの灯祭

大山は勝負の神様でもあります。高校、大学のスポーツ選手やプロのアスリートは大山にお参りしました。数年前ケーブルカーの中でお逢いした女子大学生がリオオリンピックの柔道で金メダルを取りました。近辺の学生は柔道、バレーボール、駅伝と大山にお詣りし勝利を祈ります。プロ野球の監督もチームの勝利に祈りを捧げています。

大山は歌舞伎、落語などの芸能でも「芸能に御利益がある」と江戸時代から役者絵が描かれました。薪能や酒祭りで多くの芸能人が大山にお詣りしています。

## 阿夫利睦会と「絵とうろう」の祭典

大山の行事は阿夫利睦の活動によるところが大きいのです。磯崎敬三会長が主催し、120名の伊勢原市内の人々が大山門前町の行事をもりあげています。秋季大祭の神輿の「お下り」と「お上り」や門前町渡御行列の手伝いをしています。登山道の道普請なども行っています。秋季大祭前には会員により男坂の改修工事を行うそうです。8月11日から14

日まで行われる「大山街道　絵とうろうの祭典」（写真131）は光の競演をうたい、大山新道の梅原展示場から阿夫利神社下社まで一山挙げて光の回廊を創り出しています。

これからも阿夫利睦の活動は大山の活性化に必要です。地域の活動をリードしていくボランティア活動が、このような古くから続く歴史と文化を継承し育てていくのです。

# 大山の関係歴史年表

## 旧石器時代

六〇〇万年前　丹沢山塊が形成される

二万八〇〇〇年前　大山扇状地に人が住み始める

## 縄文時代

一万二〇〇〇年前　三ノ宮下戸谷遺跡、八幡台遺跡などに石器が見られる

八〇〇〇年前　高森遺跡、白金山遺跡に最初の竪穴住居が見られる

五〇〇〇年前　三ノ宮や田中に集落が造られる（前畑遺跡、万代遺跡）

四〇〇〇年前　大山山頂に四千年前の祭祀跡の遺跡が出土（昭和35年発掘調査）

大山扇状地には多くの集落が造られる

三〇〇〇年前　八幡台、日向、比比多に大集落が造られる。三ノ宮で祭祀が行われた。

紀元前　六六〇　三ノ宮比比多神社、高部屋神社創建（新明帳考証）

## 弥生時代

一〇〇ころ　串橋に環濠集落が造られる。石田に方形周溝墓が造られる

紀元前九七　大山阿夫利神社創建（同社伝）

紀元後五七　倭の奴国王が後漢に朝貢し、光武帝から金印を授与される（後漢書東夷伝）

二〇〇ころ　倭国大乱。景行20年頃に倭建命の東征伝承。大山扇状地に集落ができる

三五〇ころ　塚越古墳（東高森）、大人塚古墳（池端）、石田車塚古墳が造られる

三九一　応神2　百済王の要請で倭は朝鮮半島に出兵する（高句麗の好太王碑文に記載）

四〇〇　履中1　大山扇状地に古墳が造られる。百済を支援し、高句麗と戦い敗れる

五三八　宣化3　百済聖明王から金銅釈迦如来像と経典、仏具が贈られたことで仏教が伝わる

五七七　敏達6　百済の威徳王が蘇我馬子の要請で僧6人と技術博士を倭に派遣す

る

## 飛鳥時代

五九二　崇峻5　崇峻天皇が飛鳥に遷都する
五九三　推古1　聖徳太子が推古天皇の摂政となる
六〇〇　推古8　聖徳太子第1回の遣隋使を派遣する（隋書倭国伝）
六〇三　推古11　冠位十二階を定める。大山扇状地では円墳が造られる（登尾山古墳等）
六〇四　推古12　十七条の憲法制定
六〇七　推古15　小野妹子らが第二次遣隋使として派遣される（隋書倭国伝）、法隆寺建立
六二三　推古31　法隆寺の釈迦三尊像が造られる（同像光背銘）
六四五　大化1　大化の改新
六四六　大化2　薄葬令の公布により古墳の造営が禁止。師長と相武を合わせ相模国ができる
条里制に基づき、日田郷、櫛埼郷、渭辺郷が置かれた

六六〇　斉明6　百済滅亡する。その後百済から遺民が渡来する
六六三　天智2　唐・新羅連合軍に白村江の戦いに敗れ百済再建ならず
六六八　天智6　高句麗の滅亡により、前年に支援要請に来た若光王等は故国に帰れなくなる
六七二　天武1　唐・新羅に備え、関東から九州の防衛に防人をあて、都を近江宮に遷都する
六七六　天武5　壬申の乱。下尾崎遺跡の副葬品が唐の影響を受けて造られている
六八七　持統1　三ノ宮比比多神社の「国司祭」が始まる。新羅が朝鮮半島を統一する
六八九　持統3　高麗人56人を常陸に移す（日本書紀）。百済人1万人を関西や宮崎に移す
六九一　持統5　良弁が生まれる。父の漆部氏染谷太郎時忠が子易明神比比多神社に安産祈願をする。生後50日で鷲にさらわれる。金鐘寺で学ぶ（大山寺縁起）
相模国司の布施朝臣色布知が三ノ宮神社を修復し、狛犬を奉献す

る（同社伝）
六九三　持統7　7月3日に持統天皇が「栗の勧植をして五穀を助けよ」と栗栽培地を勧める
六九九　文武3　修験道開祖役小角が讒言により伊豆に流される。大山が相模の修験道場になる
七〇一　大宝元　大宝律令の制定
七〇二　大宝2　唐の則天武后が倭の国号を「日本」にすることを承認する

## 奈良時代

七一〇　和銅3　元明天皇が平城京に遷都する
七一二　和銅5　太安万侶が古事記を編集し、元明天皇に献上する
七一六　霊亀2　武蔵に高麗郡を設置し、高麗王若光が高麗遺民をつれて赴任する僧行基が霊山寺を開創する。若光の授けた香木で薬師如来像を造る（同寺伝）
七一八　養老2　華厳妙端法師が大友皇子の冥福を祈り雨降山石雲寺を開創する（同寺伝）

七四一　天平13　相模国8郡の総社として六所神社が置かれる
国分寺、国分尼寺建立の詔が発せられる
七五二　天平勝宝4　良弁僧正が大山山頂で不動秘法を修める。工匠手中氏、寺侍大萬、千代満、若満の3家が随行す。手中氏と若満は大山に住み、大萬、千代満家は蓑毛に住む
七五五　天平勝宝7　良弁僧正が雨降山大山寺を開創し、聖武天皇の勅願寺となる（同寺伝）
七六一　天平宝字5　相模、安房、上総の三カ国を寺領として賜る
僧光増が大山寺第2世となり、不動尊像を安置する（同寺伝）
七七〇　宝亀元　古東海道が敷かれ、笠窪字箕輪に駅を設け、駅馬12匹を置く（和名抄）
七七三　宝亀4　良弁大僧正が東大寺で遷化する
七七四　宝亀5　大山寺の工匠手中明王太郎文観が没す。空海が誕生する

## 平安時代

七九四　延暦13　桓武天皇が平安京に遷都する

八〇〇　延暦19　富士山が噴火し、富士五湖ができる
八〇二　延暦21　富士山が噴火し、足柄峠が閉鎖され、箱根峠越えの箱根道が開通する
八二〇　弘仁11　弘法大師空海、大山寺第3世になる。華厳宗から真言宗になる
八六四　貞観6　富士山噴火し、溶岩流で青木ヶ原ができる
八七九　元慶3　大地震のため大山に火災が発生し、伽藍、堂宇の多くが焼失、崩壊する
八八一　元慶5　第4世弁真和尚が子易の地蔵院を開き、大山寺を移し住む。現在の易往寺
八八四　元慶8　第5世安然和尚が大山寺の復興をする。真言宗から天台宗になる
八九〇　寛平2　大工の棟梁第5代手中明王太郎が頂上に阿夫利神社を再建する
九二七　延長5　延喜式神明帳の相模13社に阿夫利神社が載る。957年に施行される
一一七八　治承2　曾我十郎、五郎兄弟が大山不動尊に仇討ちの願文を捧げる
一一八〇　治承4　源頼朝が伊豆で挙兵する。大山衆徒は糟谷氏と平家方で従軍する

一一八三　寿永2　頼朝が木曾義仲追討軍を起こし、大山衆徒が源氏として石田氏と義仲を討つ

一一八四　元暦元　源頼朝が先例に従い大山寺に高部屋郷を寄進する。大山寺が祈願寺になる

## 鎌倉時代

一一八五　文治元　佩刀を納め「納太刀」の元となり、その後の先例となる。源義経に従い糟谷有季のもと大山衆徒が一の谷に従軍する

平氏滅亡。源頼朝が守護・地頭配置で荘園制度を終わらせ、鎌倉幕府を開く。

一一八九　文治5　源義経を平泉に追い詰め、奥州を平定する。大山衆徒が糟谷氏と従軍する

一一九二　建久3　源頼朝が征夷大将軍になる。政子が安産祈願で大山寺に神馬及び経を納める

後白河法皇が崩御し、法皇の百僧供養に大山寺から僧三口が加わる（吾妻鏡）

一一九三　建久4　頼朝が富士の巻狩りを行い、曾我兄弟が父の仇を討つ
一一九四　建久5　頼朝が大姫の病気平癒のため日向山霊山寺へ参詣する（吾妻鏡）
一二〇三　建仁3　糟谷氏は比企の乱で自刃する。この後は寺領を持って一山御経営をする
一二一〇　承元4　北条政子が日向薬師に参詣する（吾妻鏡）
一二一一　建暦元　北条政子が源実朝夫人と日向薬師に参詣する（吾妻鏡）
一二一四　建保2　鎌倉幕府が大山寺に丸島郷52反を寄進する
一二一五　建保3　願行房憲静が生まれる
一二一九　承久元　源実朝暗殺される。以後大山寺の衰退がはじまる
一二五二　建長4　上杉氏、太田氏が関東に下向する
一二七四　文永11　願行上人が大山寺の本尊の鉄鋳造不動明王と二童子を鎌倉大楽寺で鋳造し、これを大山寺に納める（国指定重要文化財）。伽藍を再建し、大勧進を設ける
一二九五　永仁3　箱根山が噴火する。子易に諏訪神社が勧請される（同社伝）
一三三三　元弘3　足利尊氏に糟屋荘が与えられる。頼朝にならい大山寺に寄進し、

祈願寺とする
鎌倉幕府が滅亡する。足利直義が成良親王を奉り、鎌倉将軍府を設置する

## 南北朝時代

一三三四　建武元　建武の新政で、大山寺衆徒は足利尊氏に従い参戦する
一三三六　延元元　足利尊氏が室町幕府を開く。南北朝時代になる
一三四七　正平2　二代目将軍足利義詮より大山寺造営費用が寄進される（相州古文書）
一三四九　正平4　足利基氏が鎌倉公方に就任する。執事として上杉憲顕と高師冬が鎌倉に来る
一三五〇　正平5　大山寺別当佐藤中務が足利尊氏に従い、備中笠間で軍功を立てる。この頃より大山寺別当称号として八大坊を用いるようになる
一三五二　正平7　足利尊氏が大山に所領を寄進し、武運長久を祈願する（相州古文書）

一三六四　正平19　足利基氏が天下安全を大山寺に祈願し、日向薬師に大旗を納める
一三八六　元中3　上杉（平）秀憲が下糟屋高部屋神社に銅鐘を奉納する（新編相模国風土記稿）

## 室町時代

一三九二　元中9　南北朝合一
一四〇〇　応永7　将軍足利義持と鎌倉公方足利満兼が波多野郡の蓑毛郷と田原郷を大山寺に寄進し、護摩堂の造営費用とする（相模古文書）
一四〇九　応永16　足利持氏が第4代鎌倉公方になる
一四一二　応永19　将軍足利義持が大山寺に相模国糟屋の高森郷を寄進する
一四二二　応永29　関東管領足利持氏が大山寺と石尊社領として武蔵国小山田保山崎郷今井村を寄進
一四二九　永享元　前将軍義持と和解（天下の大慶）した持氏は新将軍足利義教に反発をする
一四三二　永享4　大地震のため大山寺の仁王像が損傷する。大山寺造営のため上杉憲実以下8人の武士が馬を寄進す。太田道灌が生まれる

一四三八　永享10　足利持氏と上杉憲実が対立し「永享の乱」が起こる。三浦介時高が持氏を捕える
一四三九　永享11　足利持氏は自害をし、鎌倉公方が途絶える
一四四九　宝徳元　足利成氏が鎌倉公方になる
一四五〇　宝徳2　江の島の戦いで扇谷家宰太田資清、山内氏家宰長尾景仲が足利成氏を襲う
一四五四　享徳3　足利成氏が関東管領上杉憲忠を殺害する。翌年成氏は逃れ古河公方となる
一四五七　長禄元　将軍義政が弟の政知を関東に下向させたが、伊豆で堀越公方となる
一四六四　寛政5　太田道灌が土御門天皇に拝謁し、歌を献上する
一四六五　寛政6　太田道灌が将軍足利義政に拝謁し、「関東静粛」を言上する

## 戦国時代

一四六七　応仁元　応仁の乱が起こり戦国時代の幕が開く。連歌師の心敬僧都が関東に下る

一四六九　文明元　川越城に心敬、宗祇を招き太田道真が歌会を開く（川越千句）
一四七一　文明3　心敬僧都が大山の麓石倉の浄業寺に寓居し「老のくりごと」を著す
一四七四　文明6　江戸城に心敬、宗祇を招き太田道灌が歌会を開く（鎌倉大草紙）
一四七五　文明7　心敬僧都が大山の麓石倉浄業寺で没す
一四七六　文明8　太田道灌が駿河今川家の家督争いで、奉公衆の伊勢新九郎と談合する
一四七八　文明10　太田道灌が文明8年以来の上杉景春の乱を制圧し、鉢形城を攻略する
一四八二　文明14　前将軍足利義政と古河公方足利成氏が和解し、上杉氏もこれに従う
一四八六　文明18　太田道灌が上杉館で殺害される。聖護院准后道興が大山寺、霊山寺に止宿する
一四八八　長享2　長享の乱が起き、山内上杉顕定と扇谷上杉定正が敵対する。大山寺佐藤助太郎が武州高見原合戦の軍功により足利成氏の感状を受

ける
一四九〇　延徳2　大山寺及び坂本村で法度に背くものがあり、上杉定正が大山寺に足利将軍の禁制札を掲げた
一四九一　延徳3　伊勢新九郎（北条早雲）が伊豆の堀越公方を滅ぼし、伊豆を占領する
一四九四　明応3　早雲が太田道灌を上粕屋五霊神社に合祀する。上杉定正が荒川堤で急死する
一五三八　天文7　北条氏康が大山八大坊の蔵を造営するにあたり、諸役を免除する制札を出す
八大坊領として高森郷を寄進する。伊勢原の各村が小田原衆の知行所になる
一五六〇　永禄3　長尾景虎が相模に侵入したため、大山衆徒が山中城に兵糧を運搬する
一五六一　永禄4　上杉憲政が長尾景虎（上杉謙信）に上杉姓と関東管領職を譲る
北条氏康が上杉謙信の相模侵攻に備え大山衆徒に山中城の警護を

命じる

一五六九　永禄12　北条家の重臣が武田氏との勝利祈願の祈禱を大山寺に依頼する（相模古文書）

一五七三　天正元　室町幕府滅亡する

一五八九　天正17　大山寺の衆徒が豊臣秀吉の小田原攻めで、北条を援け箱根山中城で戦う

一五九〇　天正18　山中城が落城し、大山寺に帰山する。豊臣秀吉は大山寺衆徒の鎮静化と西軍の狼藉を禁止するため、禁止札を立てる。家康が関八州の太守となり江戸城に入る

## 江戸時代

一六〇三　慶長8　徳川家康が征夷大将軍となり、江戸幕府を開く。15年間の大山不遇時代

一六〇五　慶長10　家康が大山寺の慶長の大改革に着手する。初代別当として実雄法印をあてる

一六〇八　慶長13　実雄法印に碩学領として家康より小蓑毛領57石を賜う

一六〇九　慶長14　大山寺領として坂本村と子易村の百石を賜う。山内諸法度を整え、関東5カ寺の一つに加えられる。八大坊下屋敷を現在の社務局に置く
一六一四　慶長19　斎藤福（春日局）が家光の世継問題で大山に参詣する。大坂冬の陣はじまる
一六一五　慶長20　斎藤福（春日局）が大坂夏の陣の戦勝祈願のため大山に参詣する。大坂夏の陣
一六一九　元和5　箱根に関所ができる。伊勢宇治山田の曽右衛門らが伊勢原村を拓く
一六二一　元和7　津軽越中守信牧が将軍秀忠のために大山寺に祈願する
一六二三　元和9　徳川家光が第3代将軍に就任する
一六二六　寛永3　僧鶴峯孫が子易に龍泉寺を開く
一六二九　寛永6　斎藤福が朝廷から「春日局」の称号をたまわる
一六三七　寛永14　筑波山知足院法印栄僧が将軍代参として大山寺を参詣する。大山大洪水を視察

一六三八　寛永15　安藤重長、松平出雲守が幕命により、大山再興のため堂宇の廃壊を調査する
一六三九　寛永16　大山寺造営のため黄金1万両を幕府から賜る
一六四〇　寛永17　家光が「寛永の大修理」に着手する。春日局が家光側室お楽の方の子授け祈願
一六四一　寛永18　大山寺、阿夫利神社石尊社の造営なり、入仏供養を行う
家光寄進の灯籠、梵鐘と額を受ける
一六四二　寛永19　家光の世継誕生し、竹千代（家綱）の代参として知足院栄僧が参詣する
一六四三　寛永20　春日局が家光の代参で参詣し、一山の供僧に18万両の祝儀あり。春日局没す
一六五二　承応元　女坂七不思議の弘法大師の一夜彫「爪彫り地蔵」彫られる
一六六一　寛文元　藤沢四ッ谷の大山街道一の鳥居と道標が建つ
一六六六　寛文6　大山川の大洪水で、大山川に沿う地域は大被害が発生する。新町が誕生する

一六七〇　寛文10　大住郡が大地震に襲われる
一六九一　元禄4　宝井其角が大山に登る
一六九三　元禄6　将軍綱吉の命で本堂と石尊社を修理し、御礼に八大坊が将軍綱吉に拝謁する
一七〇三　元禄16　関東に大地震が起き、大山寺の堂宇が破損する。別当開蔵法印が紀州浪人貴志又七郎を招き、神事能を興行する
一七〇四　宝永元　大山寺堂宇修理のため、幕府より黄金2千両を賜う
一七〇六　宝永3　大山がたいへんにぎわう。脇坊6坊をおこし、八大坊の直属譜代とする
一七〇七　宝永4　富士山の宝永噴火で大山寺も火山灰で被害甚大のため、幕府に修理をうながす
一七一〇　宝永7　貴志又七郎が没し、西岸寺に葬る。
一七一九　享保4　石尊社が放火により焼失した。翌20年に将軍吉宗が石尊本社を再建する。
一七三一　享保16　12月に野火で頂上本宮が焼けたが、翌年再建される

一七七四　安永3　正月29日に新町より出火し、大山町の大半を失う
一七八三　天明3　太田蜀山人が大山の狂歌を出版する
一七九二　寛政4　養智院心蔵の編集で「大山不動霊験記」全15冊が発行される
一八〇九　文化6　権田直助が埼玉県入間郡毛呂山町の医者の家に生まれる
一八二八　文政11　葛飾北斎が「相州大山ろうべんの滝」の絵を画く
一八五四　安政元　「安政の大火」が起き、大山全山が焼失する
一八六〇　万延元　諸堂再建のため江戸市内や、相模国での基金勧請の許可書を幕府より得る

## 明治時代

一八六八　明治元　神仏分離令が発せられる。廃仏毀釈運動が激しさを増し、仏像や仏具が焼かれる
一八六九　明治2　版籍奉還の令で寺社の知行地がなくなる。大山寺を宝珠山明王寺と改め来迎院跡に移し、不動堂跡に阿夫利神社下社社殿を造る
一八七一　明治4　阿夫利神社祠官として還俗した大山寺供僧教順の大山勇が山を去る

一八七二　明治5　旧前不動跡の追分社（八意思兼社）に大鳥居が建つ
一八七三　明治6　阿夫利神社下社仮拝殿が完成する。権田直助が阿夫利神社祠官に山内の御師の呼称を先導師と改める。阿夫利神社が県社兼郷社になる
一八七六　明治9　宮大工棟梁第89代手中明王太郎が不動尊大堂建立工事を始める
一八七七　明治10　師檀関係の整備を行い「開導記」が成立。阿夫利神社本社が完成する
一八七八　明治11　春日大社から倭舞、巫女舞を伝承する。以後、祭典に奉奏する
一八八〇　明治13　明治維新で中断していた大山能が再興される。拝殿の西側に能舞台落成する
一八八五　明治18　不動堂落慶入仏式法要が行われる。前年に大山寺21世に岡謙浄がなる
一八八九　明治22　大日本帝国憲法が発布される。町村制により大山町が生まれる
一九一〇　明治43　阿夫利神社拝殿を竣工する

## 大正時代

一九一五　大正4　観音寺と明王寺を合併し、雨降山大山寺の旧称が復した
一九一六　大正5　子易木戸から新町「三の鳥居」までの石段を取り除かれ、車道になる
一九二〇　大正9　乗り合いバスが子易明神前まで開通する。大正14年に三の鳥居まで開通す
一九二三　大正12　関東大震災で山津波が発生し、家屋70戸が流失する

## 昭和時代、平成時代

一九二八　昭和3　大山寺本尊不動明王と二童子が国宝に指定される
一九三一　昭和6　大山ケーブルが開通する。昭和19年の戦時体制の元で撤収される
一九四四　昭和19　大山が学童疎開地になる。20年に爆弾が落ち疎開児童が亡くなる
一九五〇　昭和25　大山寺が大覚寺派になる。大覚寺管長に門跡草薙全宣（大山寺25世）がなる
一九五三　昭和28　倭舞、巫女舞が県の無形民俗文化財に指定される
一九六〇　昭和35　丹沢大山県立自然公園に指定される。山頂の4千年前の祭祀遺跡が発掘される

一九六五　昭和40　丹沢大山国定公園に指定される。大山ケーブルが再建される
一九七七　昭和52　阿夫利神社下社の造営を始める。能・狂言が伊勢原市無形民俗文化財になる
一九七九　昭和54　大山寺の本尊の昭和の大修理。前年の第29世味岡良戒（大覚寺門跡）がなる
一九八六　昭和61　大山寺が36番札所の一番霊場になる。大山マラソン開催始まる
一九八九　平成元　大山とうふ祭開催始まる
二〇〇一　平成13　能楽堂「清岳殿」が社務局に完成する
二〇〇六　平成18　絵とうろう祭開催始まる

# 参考文献

「相模大山縁起及び文書」　石野瑛校　昭和6年4月1日発行　武相考古會
「伊勢原町勢誌」　伊勢原町勢誌編纂委員会編　昭和38年11月20日　伊勢原町役場
「神奈川県中郡勢誌」　神奈川県中地方事務所　昭和28年3月31日　神奈川県中地方事務所
「新編相模国風土記稿」　長坂一雄　昭和52年1月15日　雄山閣
「大山門前町の地理的研究」　有賀密夫　平成元年7月25日　（藤沢文化財保護委員）
「NITOBE 武士道を英語で読む」　蓮見清一　二〇〇四年4月5日　株式会社宝島社
「新渡戸稲造ものがたり」　柴崎由紀　二〇一五年5月24日　銀の鈴社
「丹沢釣り風土記」　鈴野藤夫　一九九〇年10月1日　白山書房
「社会科と郷土」　井上静男　昭和23年7月5日　郷土社会研究会
「相州大山　今昔史跡めぐり」　宮崎武雄　二〇一三年12月21日　風人社
「史跡と文化財のまち　いせはら」　伊勢原市教育委員会教育部文化財課　平成26年3月31日
「古事記」　武田祐吉訳注　昭和48年1月30日　角川文庫
「日向薬師」　渋江二郎　平成12年9月30日二十一版　中央公論美術出版
「吾妻鏡の謎」　奥富敬之　二〇〇九年8月1日　吉川弘文館

「波多野氏と波多野荘」　湯山　学　一九九六年2月10日　夢工房
「実朝と波多野」　貫　達夫　一九八八年12月1日　夢工房
「北条早雲と家臣団」　下山治久　平成11年3月日　（株）有隣堂
「かながわの城」　三津木国輝　一九九四年6月9日第二版　神奈川県新聞社
「相模大山街道」　目黒修一　昭和62年3月3日　大山阿夫利神社
「朝鮮史」　旗田　巍　二〇〇八年2月22日　岩波書店
「韓国歴史地図」　韓国教育大学歴史教育科　二〇一一年1月4日　平凡社

相模湾で船縁から釣り糸を垂れて、ふる里の大山を仰ぎ見ます。平塚から大磯の海岸が、うっすらと見える中、大山は覆いかぶさるような、きれいな三角形の山影で安心感を与えてくれます。

大山を見ていると、この海原のなかで、自分が今どの辺にいるのかを教えてくれているようです。古代から、多くの人々が大山を見ながら西の伊豆へ、東の三浦へと、大海原を航海したことを思い浮かべました。

私が小学生になると先導師の家の同級生は「みこ舞」や「大和舞」を阿夫利神社で奉納舞をしていました。始まったばかりのテレビ放送の「ＮＨＫの郷土芸能」に出演して舞ったこともあり、うらやましく思ったものでした。

この頃始まった酒祭りで「天狗講」に参加する芸能人が神社に来ました。漫談の徳川夢声、浪曲の二代目広沢虎造、講談の七代目一龍齋貞山、落語の三代目三遊亭金馬、六代目三遊亭円生、五代目柳家小さんを、毎年のように見ることができました。五代目古今亭志ん生の「大山詣り」をラジオで聞き、笑ったのもこの頃でした。

中学生の時、7月の大山山開きでは、伝統的な一番講の「お花講」の高張り大提灯を持ち下社に登りました。「開門の儀式」に立ち会い、お花講の人達と頂上に登ったことを思い出します。秋季大祭では「大登旗」を持って行列の先頭を歩いた思い出もあります。横丁として神輿を担いだこともありました。

高校は平塚まで自転車で通学しましたので、天気の良い日は夕日に輝く富士山と大山を見ながら、大山街道を帰りました。その相似峰は本当に美しく、今も心の底にそびえています。

家の手伝いの一つが大山寺への燃料の運搬でした。当時はケーブルカーも再開通していませんでした。人家が無くなる山道を一人で一段一段登る苦しさに、自問自答を繰り返しつつ、ひとつの階段を登るごとに休みます。背負う重量は60~100kgで、肩に食い込む重さは、まさに修行のようでした。

会社の退任後、町田市の商工会議所で毎月開かれている「先哲研究会」に参加しました。太田会長さんに誘われたのです。平成25年8月に「郷土大山の歴史研究―1」を研究資料で発表しました。その後、大山の歴史に絞り、平成28年5月の「倭建命と御嶽信仰」まで30回の発表となりました。太田会長に、この研究資料を本にしたらと勧められました。

先哲研究会の参加メンバー、一般社団法人日本経営士会の人達、同窓、同郷の人達の後押しもあり、私が関わっている経営という視点で、古代からの人々と紡いだ大山の歴史を振り返ることにしました。

コンサルタントとして地域振興を行ってきましたが、生まれた地の大山の振興策の一助になればと思い、研究資料を本にしました。大山の歴史と経済活動の研究が地域活性化に少しでも役に立てば幸いです。

執筆に当たっては多くの助言をいただいた、「銀の鈴社」西野真由美代表取締役に感謝を申し上げます。また多くの助言をいただいた宮崎武雄様に感謝いたします。

本文・表紙使用の写真・図版は、すべて著者の著作によります。

地図5枚　写真160枚

石井政夫（いしい　まさお）

1945年（昭和20年）中郡大山町（伊勢原市）で生まれる
県立平塚高校（平塚工科高校）電気科卒業、東海大学工学部電子工学科卒業
嘉悦大学大学院ビジネス創造研究科博士前期課程修了
元日本インター株式会社代表取締役社長
株式会社 IMC 代表取締役社長、飯田通商株式会社顧問
一般社団法人日本経営士会経営支援アドバイザー
東海大学体育会バレーボール部 OB・OG 会会長
「再生可能エネルギーは地域振興の柱」、「景気のサイクルと将来ビジネス」など多数の講演活動がある

NDC213/914
石井政夫
神奈川　銀の鈴社　2016
P248　18.8cm　四千年のパワースポット　霊峰大山

銀鈴叢書　定価＝二、〇〇〇円＋税

四千年のパワースポット
霊峰大山

二〇一六年一二月二五日　初版発行
著　者――石井　政夫©
発　行――㈱銀の鈴社
〒二四八―〇〇〇五
神奈川県鎌倉市雪ノ下三―八―三三
電話　0467(61)1930
FAX　0467(61)1931
E-mail　info@ginsuzu.com
http://www.ginsuzu.com
発行者――柴崎　聡・西野真由美

ISBN978-4-87786-493-4　C0021

印刷・電算印刷　製本・渋谷文泉閣